THEATERBIBLIOTHEK

Anna Gmeyner (1902–1991), aufgewachsen in einer jüdischen Wiener Anwaltsfamilie, lebte zwischenzeitlich in Berlin und Edinburgh. Sie arbeitete als Dramaturgin bei Erwin Piscator, schrieb Drehbücher für Georg Wilhelm Pabst und feierte erste Erfolge mit eigenen Theaterstücken, ehe sie 1933 nach der Machtübernahme durch die Nationalsozialisten zunächst nach Paris, später nach London emigrierte, was ihre Laufbahn als Dramatikerin jäh beendete. 1938 erschien ihr Roman *Manja* im deutschsprachigen Amsterdamer Exilverlag Querido.
Dieser Band versammelt die beiden letzten, vor dem Hintergrund der Weltwirtschaftskrise angesiedelten Bühnentexte der Autorin: In *Automatenbüfett* ist das titelgebende Lokal der letzte Schrei in einer Kleinstadt. Es zieht einen Schwarm von närrischen und gierigen, versponnenen und gemeinen, idealistischen und eigennützigen, erfolgreichen und ›abgebauten‹ Gästen an, die hier ihre Ideen und Interessen ausfechten, während unterschwellig die politischen Spannungen zunehmen. *Welt überfüllt* beginnt als Krimi in Großstadtkulisse, weitet sich dann aber zu dem kaleidoskopartigen Porträt einer von sozialen Umbrüchen geprägten, zersplitterten Gesellschaft, in der alle ihren Platz erst wieder finden müssen.

»Anna Gmeyner schuf komplexe Figuren, die Opfer und Täter in einem sind. Und ihre Stoffe sind auf bedrückende Weise heutig.« *Sasha Marianna Salzmann*

Anna Gmeyner

Automatenbüfett
Welt überfüllt

Theaterstücke

DER **VERLAG DER** AUTOREN
GEHÖRT DEN **AUTORINNEN**
UND **AUTOREN** DES VERLAGS

Dieses Buch erscheint in einem unabhängigen Verlag.

Der Verlag dankt Lisette Buchholz vom persona verlag, Mannheim, und der Deutschen Kinemathek, Berlin, für die Unterstützung.

Bibliografische Information der Deutschen Nationalbibliothek
Die Deutsche Nationalbibliothek verzeichnet diese Publikation in der Deutschen Nationalbibliografie; detaillierte bibliografische Daten sind im Internet unter http://dnb.de abrufbar.

1. Auflage 2022

Verlag der Autoren GmbH & Co. KG
Taunusstraße 19, 60329 Frankfurt am Main
Telefon: 069 23 85 74-20, Fax: 069 24 27 76 44
E-Mail: theater@verlagderautoren.de
www.verlagderautoren.de

Satz: Maintypo, Reutlingen
Umschlag: Bayerl + Ost, Frankfurt am Main
Druck: betz-druck GmbH, Darmstadt

Printed in Germany
ISBN 978-3-88661-411-0

Inhalt

Automatenbüfett

Ein Spiel in drei Akten
mit Vorspiel und Nachspiel

PERSONEN

ADAM, ein etwas eigenbrötlerischer Provinzbürger, Anfang der 40

FRAU ADAM, seine Gattin, Inhaberin eines Automatenbüfetts, gegen 50

PANKRAZ, Zimmerherr bei Adam

PUTTGAM, ein Straßenhändler, abgebauter Lehrer, undefinierbaren Alters

SCHULRAT WITTIBTÖTER
STADTRAT ERHARDT
APOTHEKER HÜSLEIN
REDAKTEUR ARENDT
OBERFÖRSTER WUTLITZ
KAUFMANN PLÖTZOW
} Mitglieder des DAFV

DER JUNGE SELCHER

THOMAS

FRAU APOTHEKER HÜSLEIN

FRAU STADTRAT ERHARDT

FRAU KAUFMANN PLÖTZOW

FRÄULEIN AGNES

CÄCILIE

WILLIBALD BOXER

EVA

FRAUEN, MÄNNER, BESUCHER des Automatenbüfetts

VORSPIEL

Eine stille Landschaft, ganz in helles Nachmittagslicht getaucht, im Blauen verlaufend eine sanfte Hügelkette. Eine Böschung, auf deren Grund, von Gebüsch umschlossen, ein Teich liegt. Im Hintergrund ein Stück des gelben Himmels. Auf einer Tafel steht zu lesen »Baden verboten«.

Mit dem Rücken zum Publikum, eine Angel in der einen, ein Papier in der anderen Hand, sitzt Adam, ein Herr von etwa 40 Jahren, sehr korrekt und ordentlich gekleidet. Er hebt die Angel aus dem Wasser, überzeugt sich davon, dass kein Fisch daran ist, und wirft die Angel von Neuem aus. In diesem Augenblick spritzt das Wasser hoch auf. Adam legt die Angel fort, beugt sich über die Brüstung und ruft.

ADAM Hallo, hier ist das Baden verboten. *Da das Wassergeräusch nicht aufhört, zieht Adam seine Schuhe und seinen Rock aus und klettert die Böschung hinunter.*

EVAS STIMME Lassen Sie mich los! Wie kommen Sie dazu?

ADAM Können Sie denn nicht lesen? Es ist verboten, im Weidenteich zu baden.

EVAS STIMME Ich wollte gar nicht …

ADAMS STIMME Was denn wollten Sie?

EVAS STIMME Das geht Sie gar nichts an. Loslassen!

ADAMS STIMME Nein!

Beide tauchen auf der Böschung auf, triefend vor Nässe, beide setzen sich mit dem Rücken zum Publikum nebeneinander nieder.

EVA Nicht einmal zum Sterben kann man seine Ruhe haben.

ADAM Ach so, Sie wollten sterben.

Eva nickt. Aus ihrem nassen Haar springen Wassertropfen in Adams Gesicht. Adam greift in seine Hosentasche und reicht ihr ein triefend nasses Taschentuch.

ADAM Damit kann man sich leider nicht abwischen. *Pause.* Ich bin nämlich Amateurfischer.

EVA Soll ich mich jetzt vielleicht bei Ihnen bedanken?

ADAM Nein, nein, das ist nicht nötig.

EVA So, und was soll ich Ihrer Meinung nach jetzt anfangen? Ich habe zwei Abschiedsbriefe geschrieben. Ich kann doch jetzt nicht wiederkommen und sagen, das Ganze war ein Irrtum. Wie sieht denn das aus?

ADAM Nein, das kann man nicht.

EVA Gut, dass Sie das einsehen. *Sie fröstelt in ihrem nassen Kleid.*

ADAM Sie hätten sich wenigstens die Kleider vorher ausziehen sollen; da wären Sie jetzt trocken.

EVA Seien Sie nicht unanständig!

Pause.

ADAM Sagen Sie mal, warum sind Sie eigentlich da reingegangen?

EVA Glauben Sie, Sie können mich ausfragen? Weil Sie sich in meine Angelegenheiten gemischt haben?

ADAM *beleidigt* Bitte.

Pause.

EVA Liebe.

ADAM Bitte?

EVA Ich meine, es hat sich um einen Mann gehandelt.

ADAM Den Sie nicht bekommen haben?

EVA Eben schon!

ADAM Ich verstehe nicht. *Pause.* Was war er denn?

EVA Ein Dichter, Boxer.

ADAM Auch Boxer?

EVA Nein, heißt er.

ADAM Man bringt sich doch nur aus Liebe um, wenn man jemanden nicht bekommt.

EVA Es war so furchtbar hässlich, und ich habe es mir so schön vorgestellt. Ich hab niemand richtigen, Eltern oder so was. Warum haben Sie mich herausgeholt? Dort hat man wenigstens seine Ruhe.

Pause.

ADAM Sie sind doch noch so jung.

EVA Sie können ruhig direkt fragen – 21.

ADAM Das Leben liegt vor Ihnen, sozusagen.

EVA Sozusagen.

ADAM Es gibt doch auch Menschen, die nicht gemein sind.

EVA Man trifft aber immer bloß die anderen.

ADAM Und es gibt Ideale, für die es sich zu leben lohnt.

EVA Sind Sie auch Dichter – oder Pastor?

ADAM Nein.

Pause.

EVA Jetzt bestellt sich meine Tante schon den Trauerhut.

ADAM Sie sind jetzt sozusagen losgeschnitten von früher. Es gibt kein Zurück. Sie haben gar keine Verpflichtungen gegen das, was Sie gestern waren. Sie lassen den Bräutigam mit dem Zylinderhut vor der Kirche stehen. Der Abendbrottisch ist gedeckt, aber Sie setzen sich nicht dazu. Sie sind abgemeldet.

EVA Sozusagen. Und was wird jetzt aus mir, Sie Lohengrin?

ADAM Ich fasse das nicht als Beleidigung auf.

EVA Sie können doch nicht leugnen, dass Sie gewisse Verpflichtungen auf sich genommen haben.

ADAM Das will ich auch nicht.

EVA Wollen Sie sich jetzt eigentlich vorstellen? Oder soll ich Ihnen Lohengrin sagen?

ADAM Ich heiße Adam. Mit dem Zunamen. Leopold Adam.

EVA Leopold Adam. Mit dem Zunamen? Ich heiße Eva mit dem Vornamen. Leopold – ein furchtbar dummer Name; aber ich mag ihn. Ich weiß schon warum. Als Kinder nannten wir beim Fangenspielen einen Baum oder eine Zaunlatte Leopold. Wenn man die Hand auf den Leopold legte, durfte man nicht gefangen werden. Da konnte einem nichts passieren. Irgendein alter Heiliger war das – meine Heimat ist katholisch – nur so nebenbei. *Sie streckt, ehe er begreift, was sie will, blitzschnell die Hand nach ihm aus, berührt ihn dreimal und sagt eifrig wie ein kleines Kind.* Hier ist Leopold, Leopold, Leopold.

ADAM Nicht, das kitzelt! *Pause.* Sie werden ein neues Leben beginnen, Fräulein Eva. Ich werde mich bemühen, diesem Leben einen Inhalt und eine Richtung zu geben.

EVA Haben Sie einen Ofen?

ADAM *irritiert* Wo?

EVA Nicht bei sich, meine ich, dort wo Sie mich hinbringen wollen.

ADAM Einen großen grünen Kachelofen.

EVA Runde Kacheln? So mit warmen grünen Warzen?

ADAM Ja, so einen.

EVA Das hab ich gern.

ADAM Es wird eine Zeit kommen, wo Sie nicht begreifen werden, dass Sie so leichtsinnig mit Ihrem Leben umgehen konnten, das doch nicht Ihnen gehört.

EVA Wem denn sonst?

ADAM *streng* Der Allgemeinheit.

EVA Mhm.

ADAM Und Sie werden wieder lernen, wie schön das Leben ist für einen Menschen, der seinen Platz ausfüllt.

EVA Na, so wunderschön?

ADAM Und Sie werden die Berge sehen, und den Himmel, und die Sterne.

EVA Nachts.

ADAM Ja gewiss, nachts.

EVA Ich wollte Sie nicht beleidigen. Aber man kann sie doch wirklich bei Tag nicht sehen, Herr Leopold. Warum sprechen alle Leute, wenn sie einen trösten wollen, immer so von allgemeinen Sachen, die nichts kosten. Ich möchte auch einmal was haben vom Leben. *Pause.* Wissen Sie, es war wirklich nicht sehr schön bisher.

ADAM Sie werden mir einmal dankbar sein, dass ich Sie gegen Ihren Willen gerettet habe.

EVA Vielleicht.

ADAM Sehen Sie, wie friedlich es jetzt ist. Dieser blassgelbe Himmel, die Schafe sehen aus wie Wolken.

EVA Schon wieder, wie ein Buch. *Nachdenklich.* Vielleicht täte es einem wirklich einmal leid, wenn man tot ist und es passiert irgendetwas sehr Wichtiges. Na, wenn nichts Besseres nachkommt, der Fischteich läuft ja nicht fort.

ADAM Sie werden nicht zurückkommen, Eva!

EVA Hoffentlich, Herr Leopold.

ERSTER AKT

Das Automatenbüfett der Frau Adam. Ein großer kahler Raum mit einer Theke, Tischen und Bänken. Links Glaskasten und Bierhähne die Wand entlang. In der Ecke ein großer grüner Ofen, der noch brennt, und ein kleiner Verschlag, eine Art Kämmerchen, wo Geschirr aufbewahrt wird und ein Kleiderständer, ein Tisch und ein Stuhl stehen. Es ist später Nachmittag. Cäcilie wischt die Tische ab und spült Biergläser an der Theke. Sie ist ein stures, dickes Mädchen in einem blaugestreiften Kleid ohne besondere Eigenart.

FRAU ADAMS STIMME *dünn und scharf* Da hat einer von der Jagdwurst genommen.

Cäcilie zieht die Mundwinkel herunter, antwortet nicht.

FRAU ADAMS STIMME Vom Schweizer Käse ist auch ein Stück abgeschnitten. Und drei Brötchen fehlen.

Frau Adam tritt aus dem Automatenfüller ins Zimmer. Sie ist üppig, hat fahles, in einen peinlich ordentlichen Knoten gedrehtes Haar, eine spitze Nase und eine blaue Schürze.

FRAU ADAM 60 Brötchen hat der Bäcker eben gebracht, 57 sind da. Hast du nicht gehört, Cäcilie?
CÄCILIE Natürlich hab ich gehört, wenn Sie so brüllen.

Sie wischt, ohne Frau Adam anzusehen, an dem Bierglas, das schon trocken ist, herum. Frau Adam nimmt ihr das Glas aus der Hand und stellt es auf den Tisch. Das Mädchen schaut böse vor sich hin. Frau Adam nähert ihr Gesicht dem des Mädchens.

FRAU ADAM Na und?

CÄCILIE Ich hab's nicht gegessen. Nicht die Wurst, nicht den Käse und die Brötchen auch nicht.

FRAU ADAM *tritt noch dichter heran und packt sie bei den Händen* Wer hat's gegessen?

CÄCILIE Herr Pankraz.

FRAU ADAM Herr Pankraz? Er hat sich selbst die Brötchen genommen?

CÄCILIE Nein, Frau Adam. Er hat zu mir gesagt, Cillichen, ich hab solchen Hunger, mit der Hand auf dem Bauch, und da hab ich sie ihm gegeben.

FRAU ADAM So. Und wie oft hab ich dir gesagt, an den Automatenfüller geht hier im Haus nur einer ran, und das bin ich? Und Herrn Pankraz hast du keine Brötchen zu geben. Die Brötchen für Herrn Pankraz mach ich.

CÄCILIE *tückisch* Ich mach mir ja nichts aus dem käsefarbenen Schlacks.

Frau Adam fährt herum, ist im Begriff, in äußerster Wut zu antworten, als der Apotheker ins Büfett tritt.

APOTHEKER Tag, Frau Adam, Ihr Mann schon zurück?

FRAU ADAM *ganz ruhig und beherrscht* Nein, er ist noch am Weidenteich, Herr Apotheker. Das Bier ist frisch vom Fass.

Der Apotheker geht an den Hahn, lässt das Glas mit Bier volllaufen, trinkt es in einem Zug.

APOTHEKER Auch noch ein Brötchen, sie sehen zu lecker aus. Er hat Ihnen nichts gesagt, was er vorhat für die Sitzung heute Abend, so eine Andeutung?

FRAU ADAM Keine Ahnung, Herr Apotheker, von so was spricht er nie.

APOTHEKER Na, dann auf heute Abend, Frau Adam, Wiedersehn.

FRAU ADAM Auf Wiedersehn, Herr Apotheker.

Apotheker ab.

FRAU ADAM So, jetzt nimm die Schürze ab.

CÄCILIE Wozu denn? Dass ich mir Dreckflecken aufs Kleid mach?

FRAU ADAM Nimm die Schürze herunter und häng sie dahin! Stell die Gläser weg, häng das Tuch an den Haken, und dann pack deine Sachen!

CÄCILIE Ich will gar nicht verreisen, Frau Adam.

FRAU ADAM Dann ziehst du dich an und gehst aus dem Haus.

CÄCILIE Und wer wird heute Abend die Gäste bedienen?

FRAU ADAM Die werde ich bedienen.

CÄCILIE So, also Sie schmeißen mich raus. Wegen dem Käsestängel, dem Pankraz. Ich interessiere mich wirklich nicht für den. Er sucht bloß Anschluss, und ich sage dazu: Ausgeschlossen. Na gut, ich kann ja gehen. So was findet man noch, wo's so viel Arbeit gibt und so schlecht bezahlt, und wo man auf der Erde schlafen muss. *Hier gibt Cäcilie nach einem Blick auf Frau Adam die Hoffnung, dass die Sache noch gütlich beizulegen ist, auf und lässt jegliche Hemmung beiseite.* Und wo der Herr spinnt, und die Frau wie der Kater auf dem Dach hinterm Zimmerherr her miaut, der keinen Sechser Miete zahlt. *Mit einem Blick auf Frau Adam.* Ich geh ja schon. *In der Tür.* Und den Restlohn kommt mein Bräutigam [holen]. Ich krieg noch zehn Mark sechzig. Guten Abend. *Cäcilie verschwindet, kommt noch einmal zurück und sagt einlenkend.* Frau Adam? *Gibt es aber auf, wie sie das steinerne Gesicht der Frau sieht. Spuckt und geht hinaus.*

Es bleibt dann ein paar Augenblicke lang still. Dann kommt Schulrat Wittibtöter und setzt sich an einen der Tische. Er ist ein sehr sorgfältig gekleideter Herr mit Stehkragen und steifem Hut. Frau Adam kommt ganz ruhig nach vorn.

FRAU ADAM Würstchen, Herr Schulrat?

SCHULRAT Ja, Würstchen. Noch keiner von den Herren da?

FRAU ADAM Nein, auch mein Mann ist noch nicht zurück. Bier?

SCHULRAT Ein großes Helles. Sie bedienen heute selbst?

FRAU ADAM Ja, Cäcilie ist weg.

SCHULRAT Soso? War sie frech?

FRAU ADAM Gott, da hört man doch gar nicht zu. Unverschämt ist sie. Und wer weiß, Herr Schulrat …

SCHULRAT Was denn, Frau Adam?

FRAU ADAM Sie sprechen doch zu keinem drüber? Jeden Tag sind Knöpfe drin.

SCHULRAT *entsetzt* Wo?

FRAU ADAM Im Automaten.

SCHULRAT Ja, wozu denn?

FRAU ADAM Wirft einer ein statt Groschen.

SCHULRAT Das ist ja … kriminell! Na, und was haben Sie getan? Haben Sie irgendeine Spur?

FRAU ADAM Ich weiß nur, Harzer Käse und Salami hat er am liebsten.

SCHULRAT Harzer Käse und Salami? Da muss man vorstoßen.

FRAU ADAM Manchmal auch Schlackwurst, aber seltener.

SCHULRAT Und bei Fräulein Cäcilie haben Sie diese Vorliebe festgestellt?

FRAU ADAM Bei der habe ich nichts feststellen können als den Charakter.

SCHULRAT Der ist natürlich die Grundlage im Guten wie im Bösen, weil aus ihm die Handlungen sich logisch ableiten. Wobei man allerdings überlegen muss, dass sehr viele Menschen einen schlechten Charakter haben, und dass unter diesen in unserem Falle wieder diejenigen ausscheiden, die keinen Harzer Käse mögen.

FRAU ADAM Es geht ja allerhand lichtscheues Gesindel hier aus und ein. Und ein Automat, der unterscheidet nicht den Menschen von einem Individuum. Jeder, der was reinschmeißt, kriegt was heraus. Sehen Sie?

Der Händler Puttgam mit einem Kasten, in dem Streichhölzer und Schnürsenkel sind, tritt mit dem Wurstlieferanten ins Büfett. Der Wurstmann lässt sein Bierglas volllaufen, Puttgam betrachtet es melancholisch.

PUTTGAM Wie der weiß, wann das Glas voll ist, das versteh ich nie, Herr Plünecke. Das ist das Wunder der Technik, wissen Sie?

WURSTMANN Sie haben wieder die Abendstimmung, Herr Puttgam, hm?

PUTTGAM Noch nichts verkauft.

Frau Adam ist vom Tisch des Schulrats fortgegangen und beobachtet mit Argusaugen die Individuen. Puttgam grüßt den Schulrat demütig.

SCHULRAT Tag, Puttgam, kommen Sie doch rüber.

PUTTGAM Wenn der Herr Schulrat gestatten.

SCHULRAT *streng* Sagen Sie mal, Puttgam, mögen Sie gern Harzer Käse?

PUTTGAM Das ist mir streng verboten vom Arzt. Außerdem macht mir schon die Erscheinung dieses Käses Übligkeiten.

SCHULRAT Puttgam, ich respektiere an Ihnen die Überbleibsel des Gebildeten. Ich bin doch nun mal Ihr ehemaliger Vorgesetzter. Hier haben Sie zehn Pfennige. Kaufen Sie sich ein Bier dafür und geben Sie mir den Gegenwert in Streichhölzern.

PUTTGAM Sie waren immer schon mein Wohltäter, Herr Schulrat. *Geht an den Automaten und holt sich ein Glas Bier.* Obzwar, Bier auf nüchternen Magen.

SCHULRAT Nüchtern sind Sie noch, jetzt am späten Nachmittag?

Puttgam nickt.

SCHULRAT Ich bin ein Gegner von allen Unregelmäßigkeiten, Puttgam.

PUTTGAM Wie der Herr Schulrat meinen.

SCHULRAT Setzen Sie sich ruhig ein bisschen zu mir. Ich bin doch ein moderner Mensch. Der Tisch ist auch groß genug.

Puttgam leert das Bier in einem Zuge. Es steigt ihm sofort in den Kopf.

PUTTGAM Wissen Sie, Herr Schulrat, manchmal mach ich mir so meine Gedanken über das Leben und so.

SCHULRAT Na, und was denken Sie sich dann, Puttgam?

PUTTGAM Ja, sehen Sie, Herr Schulrat, ich denke mir, wenn man nicht nur das eine Leben hätte, dann könnte man nämlich ruhig den ganzen Tag an der Ecke

Streichhölzer verkaufen oder den Deckel von den öffentlichen Bedürfnisanstalten abwischen, bis man stirbt, und nie was andres. Aber wissen Sie, was das Dumme ist?

SCHULRAT Na?

PUTTGAM Man hat es nur einmal, und es kommt wahrscheinlich gar nichts nach. Und weil es nur einmal ist, Herr Schulrat, darum müsste es anders sein.

SCHULRAT Hören Sie, Puttgam, rote Hetzreden hör ich nicht an, noch dazu, wenn Sie besoffen sind von dem Bier, was ich bezahlt hab.

PUTTGAM Sehr wohl, Herr Schulrat.

FRAU ADAM *hat sich leise mit dem Wurstmann unterhalten und sagt jetzt laut* Und dass mir die Wurst frisch ist, und nicht zu große Pfefferkörner drin, und dass anständige feste Därme …

Der Satz wird nicht zu Ende geführt, denn sie sieht durch das Glasfenster Adam und Eva hereinkommen, beide sind noch nicht ganz trocken. Die Schuhe klatschen bei jedem Schritt. Evas Kleid liegt prall wie ein Trikot um ihren Körper. Adams Kragen ist verrutscht und schmutzig. Beide machen keine großartige Figur und Frau Adams Gesichtsausdruck ist entsprechend.

ADAM Da wären wir.

FRAU ADAM Wer ist das, wir?

ADAM Clementine, ich hab dieses Mädchen mitgebracht.

FRAU ADAM Das sehe ich.

ADAM Aus dem Wasser.

FRAU ADAM Das seh ich auch.

ADAM Wir sind ganz nass beide.

Frau Adam schweigt.

ADAM Sie heißt Eva. Sie bleibt hier.
FRAU ADAM So, wo denn?

Pankraz, ein blasser, hochaufgeschossener Bursch, ist durch das Nebenzimmer gekommen, lümmelt an der Tür und sieht Eva an.

ADAM In der Badestube.
FRAU ADAM Und Pankraz?
PANKRAZ Oh, das wird sich schon einrichten lassen. Geben Sie ruhig der jungen Dame mein Zimmer.
FRAU ADAM Und wo werden Sie schlafen?
PANKRAZ Vielleicht auf dem Billardtisch.
FRAU ADAM Und wenn die Gäste Billard spielen wollen?
PANKRAZ Dann muss man eben ein Abkommen treffen, dass während ich dort schlafe, nicht Billard gespielt wird.
FRAU ADAM Im Herbst muss der Billardtisch sowieso frisch überzogen werden.
ADAM Dann ist ja die Sache in Ordnung.
EVA Kann ich mich eigentlich jetzt hinter dem Ofen wärmen?
ADAM Da ist er.
FRAU ADAM Sie können dann helfen, die Gäste bedienen. *Mit einem Blick auf Pankraz, der nicht darauf achtet.* Die Cäcilie ist raus.

Eva räkelt sich hinter dem Ofen und presst die Hände gegen die Kacheln.

EVA Schön!

Der Schulrat wendet sich mit einem Ruck zu ihr, sehr animiert.

SCHULRAT Ein guter Ofen.

EVA Mhm.

SCHULRAT Sehr wohltuend, die Wärme.

EVA Mhm.

SCHULRAT *hebt den Finger* Die Jugend von heute schlägt mit ihrer Sportvorliebe ein bisschen über die Stränge, scheint mir.

EVA Ja?

SCHULRAT Maßhalten in allen Dingen, medio tutissimus ibis, sagt der Lateiner.

EVA Kenn ich nicht.

Pankraz steht regungslos und starrt auf Evas Bluse. Frau Adam, die im Folgenden immer, wenn Pankraz Eva anstarrt, dieselbe Taktik anwendet, zu ihm:

FRAU ADAM Es ist ein Rest von der Schlackwurst da, die können Sie sich nehmen.

Pankraz verschwindet nach hinten. – Zu Adam, der recht hilflos inmitten des Zimmers steht, während das Wasser von ihm herunterläuft:

FRAU ADAM Du wirst wohl so stehen bleiben, bis man auf dem Boden Kahn fahren kann!

ADAM Ich könnte mich umziehen gehen.

FRAU ADAM Du merkst auch alles, Adam!

Adam geht hinaus, sieht sich in der Tür noch einmal um.

FRAU ADAM *sie spricht zu keinem Bestimmten* Das Büfett hier ist von meiner Mitgift gekauft. Von dem Geld, das mein seliger Vater sich zusammengekratzt hat. Davon wird nichts vertan. *Zu Eva.* Da hinten ist ein Lappen, damit können Sie den Boden aufwischen. Nachher spannen Sie ihn über den Eimer, dass er trocknet.

Eva löst sich widerstrebend von dem Ofen und befolgt Frau Adams Befehle. Der Schulrat, Puttgam, der Selcher und der wiederkehrende Pankraz blicken unverwandt auf ihre Beine und den feuchten Rock, der sich über ihrem Hintern spannt.

FRAU ADAM *zu Pankraz* Wie war die Wurst?

PANKRAZ *ohne sich in seinen Betrachtungen stören zu lassen* Gut, Frau Adam.

EVA Kann ich mir jetzt irgendwo das Haar machen?

PANKRAZ Ich zeige Ihnen die Badestube.

FRAU ADAM Sie werden sich dann eine Schürze umbinden. So können Sie nicht herumlaufen, wenn alle kommen.

Eva und Pankraz verschwinden durch die Tür.

SCHULRAT Ein eigenartiges Mädchen.

FRAU ADAM Liederlich sieht sie aus.

WURSTMANN *zu Puttgam* Haben Sie die Beine von dem Mädchen gesehen?

PUTTGAM Und allerhand anderes.

WURSTMANN Puttgam, daraufhin nehm ich ein Paar braune Schnürsenkel zu 15.

Puttgam geht an das Büfett und wirft in den Jagdwurstautomaten 15 Pfennige. Frau Adam tritt hinter ihn, er wendet sich nervös um.

PUTTGAM Warum hauchen Sie mir denn in den Nacken?

FRAU ADAM Ich hab bloß geschaut, ob der Automat funktioniert. Bei der Jagdwurst hakt er manchmal fest.

Apotheker und Redakteur Arendt treten durch die Tür herein. Sie sind in lebhafter Diskussion. Der Apotheker schwingt ein Zeitungsblatt.

APOTHEKER Und Sie können sagen, was Sie wollen, was das Volk beunruhigen kann, gehört nicht in eine Zeitung.

ARENDT Sie verwechseln wohl unsere Zeitung mit Ihren Schlafpulvern.

APOTHEKER Solche Sätze wie »Europa ist ein Pulverfass, in das jeden Moment der zündende Funke fallen kann« – solche Sätze sind gesundheitsschädlich. Schreiben Sie ruhige Sachen!

ARENDT Ja, es ist doch nicht meine Schuld, dass die Zeiten nicht ruhig sind.

APOTHEKER Es ist immer wo geschossen worden, seit die Welt besteht. Und immer hat es Vulkane gegeben, die ausgebrochen sind. Lebenskunst, Herr Arendt, das ist die Kunst, nicht dabei zu sein. Immer im Nebenzimmer, wenn's schießt. Nie in der Nähe, wenn der Vulkan ausbricht. Stimmt's, Herr Schulrat?

SCHULRAT Richtig, und sehr gut gesagt!

ARENDT Es gibt Dinge, über die man sich eben nicht verständigen kann. *Er isst in der Erregung darüber 5 Brötchen und kippt sein Bier herunter.*

APOTHEKER Es kommt einem manchmal ganz unglaublich vor, dass Sie Couleurstudent waren und zwei Jahre Front hinter sich haben bei Ihren Ansichten.

SCHULRAT *zum Apotheker* Mein Ischias macht mir wieder große Beschwerden.

APOTHEKER Nehmen Sie Rheumasan!

Eva kommt aus dem Nebenzimmer, sie trägt eine saubere Schürze, an den Füßen ein Paar viel zu große Männersandalen. Ihr feuchtes Haar legt sich in Locken um ihren Kopf. Ein Ruck geht durch alle Männer, wie sie kommt.

APOTHEKER Woher kommt denn die?
SCHULRAT *der mit dem Rücken zur Tür steht* Vom Zug. Wenn man zehnmal die Fenster zumacht …

Apotheker sieht ihn entgeistert an.

SCHULRAT *verwirrt* Mein Ischias.

Pankraz ist mit Eva zugleich zurückgekommen und lässt sie mit den Blicken nicht los.

APOTHEKER *leise zu Pankraz in strahlender Laune* Kann man das Fräulein hinten reinzwicken, oder muss man sich erst vorstellen?
PANKRAZ Versuchen Sie's.
APOTHEKER Welches?

Pankraz zuckt die Achseln und gibt keine Antwort.

Adam kommt in einem trockenen Anzug, das nasse Haar glatt zurückgekämmt, herein. Redakteur und Apotheker schütteln ihm die Hand.

ADAM *wohlgelaunt* Hier stelle ich Ihnen meine Schutzbefohlene vor, Fräulein Eva, die …

Sie stößt ihn an, und er fährt fort.

ADAM … bei uns ein neues Leben beginnen will.

APOTHEKER Das muss begossen werden.
ARENDT Und nicht zu knapp.
DURCHEINANDER VON STIMMEN Gefällt es Ihnen hier? Wollen Sie lange bleiben?
EVA Das kann ich jetzt noch nicht wissen.

Die Herren essen und trinken. Frau Adam betrachtet Eva mit wachsendem Interesse. Puttgam nähert sich der Gruppe von Männern, die um Eva herumsteht.

PUTTGAM Darf ich mir gestatten, den Herren Streichhölzer …
APOTHEKER *lachend* Ich meinerseits brenne lichterloh.
PUTTGAM Dann vielleicht Schnürsenkel?
SCHULRAT Stören Sie doch jetzt nicht!

Puttgam verzieht sich nach dem Hintergrund. Ein heftiger Regen hat eingesetzt. Oberförster und Kaufmann und ein paar andere Herren kommen mit aufgestellten Kragen.

OBERFÖRSTER Guten Abend. Ein Hundewetter ganz plötzlich, und so ein milder Nachmittag.
KAUFMANN Verzeihung, ich habe mich auch etwas verspätet, musste im Geschäft noch abrechnen. Je schlechter die Zeiten, desto wichtiger das Rechnen.
ADAM Wir warten ja noch auf den Stadtrat.
APOTHEKER Sie scheinen ja tolle Pläne zu haben, Herr Adam.
EVA *leise zu Adam* Haben die Leute mit der Idee zu tun, von der Sie mir erzählt haben?
ADAM Ja, sie gehören zum DAFV.
EVA Wozu?
ADAM Das ist der Deutsche Amateur-Fischer-Verband. Ich kann Sie natürlich nicht in die Sitzung hinein-

nehmen, aber wenn Sie im Billardzimmer sind, hören Sie das meiste. Ich mach die Tür von Zeit zu Zeit auf.

FRAU ADAM *vom Büfett her* Adam, isst du nicht vor der Sitzung noch was?

ADAM Nein danke, ich hab keinen Appetit.

Die Herren gehen ins Nebenzimmer. Man hört sie durch die offene Tür rufen.

STIMMEN Fräulein, Fräulein, Bier, Fräulein, Schnaps, Fräulein, Fräulein!

FRAU ADAM Gehen Sie doch rein!

Eva geht ins Nebenzimmer.

FRAU ADAM *zu Adam* Sie kann vorläufig bleiben.

ADAM Gefällt sie dir?

FRAU ADAM Nein, aber die Männer fangen an, Bier zu trinken, wenn sie in die Nähe kommt.

Auch Adam geht ins Nebenzimmer.

SCHULRAT *leise zu Frau Adam* Er hat gesagt, er verträgt keinen Harzer Käse.

FRAU ADAM Wer?

SCHULRAT *zeigt auf Puttgam, der abgewandt vor der Tür steht und in den Regen hinausblickt* Ich habe ihn nicht nach seiner Diät gefragt. Warum erzählt er davon? Das ist verdächtig! Auf dem Posten sein!

Er nimmt sein Glas und verschwindet ins Nebenzimmer. Durch den Regen sind einige Passanten ins Automatenbüfett gejagt worden, um sich unterzustellen. Frau Adam mustert sie mit durchbohrenden Blicken.

FRAU ADAM Nehmen die Herren etwas Warmes?

EIN PASSANT Der Regen hat mich überrascht. Ich soll ja zum Abendbrot zu Hause sein.

FRAU ADAM Ein Büfett ist kein Regenschirm. Wer nichts genießt, muss eben nass werden.

EIN MANN *lachend* Die Frau Adam versteht das Geschäft!

ZWEITER MANN Warum ist denn kein Betrieb hier, keine Musik? Ich hab gehört, wenn über zehn Gäste da sind, gibt's immer Musik im Büfett.

FRAU ADAM Wer Spaß dran hat, kann sich welche machen.

DER MANN Das gehört zu den Betriebsspesen.

FRAU ADAM Manche Gäste haben's lieber ruhig.

Gelächter.

STIMMEN Nein, nein, einen Groschen her, Frau Adam!

EVA *ist an die Theke getreten und sagt an* Vier Bier und drei Schnäpse.

Pankraz ist ins kleine Zimmer gegangen, hat dort die nassen Mäntel und Paletots beschnüffelt, die die Herren dort aufgehängt haben, und kehrt ins Büfett zurück, wie sich die Rufe wiederholen.

RUFE Frau Adam, einen Groschen, einen Groschen!

Pankraz wirft mit einer ihm selbst unerwarteten Kavaliersgeste einen Groschen in das automatische Klavier, das leise und verstimmt zu spielen beginnt: »Freut euch des Lebens, solang noch das Lämpchen glüht«. Frau Adam sieht ihn mit einem Blick völliger Hingerissenheit an. – Ein junger Mann, Thomas, betritt das Büfett, nimmt ein Wurstbrötchen, schlingt es hinunter.

THOMAS Haben Sie heute ein Hummerbrötchen, Frau Adam?

FRAU ADAM Nein, Herr Thomas, führen wir doch nicht.

THOMAS Also Lachsschinken.

FRAU ADAM Ich kann's Ihnen zurechtmachen. Im Automaten ist es nicht. Kostet aber 30 Pfennige.

THOMAS *zahlt* Kann ich ein Stück Papier haben?

FRAU ADAM Ist denn das wieder für Ihre Frau?

THOMAS Ja, natürlich. Für mich geb ich keine 30 Pfennige für so was aus.

FRAU ADAM Sie mögen wohl auch nicht gern Lachs?

STADTRAT ERHARDT *stürzt in großer Eile hinein* Hat die Sitzung schon angefangen?

FRAU ADAM Die Herren warten auf Sie, Herr Stadtrat.

STADTRAT So, die warten schon? Wichtige Abhaltung gehabt.

FRAU ADAM *zu Eva* Führen Sie den Herrn Stadtrat hinein.

STADTRAT *interessiert* Wer ist denn das Fräulein?

Eva führt ihn in das kleine Zimmer, wo er seinen Mantel ablegt, sie spannt seinen tropfenden Regenschirm auf. Das Büfett hat sich geleert.

STADTRAT Danke, danke, liebes Fräulein. *Ab ins Sitzungszimmer.*

PANKRAZ Kann ich jetzt die 10 Pfennige wiederhaben?

FRAU ADAM Was für 10 Pfennige?

PANKRAZ Die ich ins Klavier geworfen hab.

FRAU ADAM Warum haben Sie sie denn vorhin hergegeben?

PANKRAZ Aus Galanterie, Frau Adam.

FRAU ADAM Und warum wollen Sie sie jetzt zurück?

PANKRAZ Aus Vernunft, Frau Adam.

Frau Adam gibt ihm die 10 Pfennige.

EVA *bleibt in der Nähe von Puttgam stehen und streicht sich nachdenklich ihre Stirn* Wozu ist denn dieser Verein? Was ist das überhaupt?

PUTTGAM Wenn ich so manchmal im Park auf der Bank sitze, Fräulein, beobachte ich einen Hund. Azor heißt er. Ich weiß nicht, wem er gehört. Der läuft herum, und es ist ihm nicht gut, und er weiß nicht, wo er, mit Verlaub zu sagen, die Haxe heben soll. Und plötzlich, da riecht er an einem Stein herum und die Ohren zucken, und es kommt ihm so was Ruhiges in die Augen; er riecht was Vertrautes. Und warum? Da hat ein anderer Hund hingemacht. Da ist ihm wohl. Und beim Menschen ist es gerade so, und was sich so bildet, ist ein Verein.

Geschrei von drinnen: »Richtig, stimmt!«

FRAU ADAM Es ist spät, Puttgam.

EVA Wo schlafen Sie denn?

PUTTGAM Heute wahrscheinlich im Park. Schlafen Sie gut, Fräulein! *Weich.* Auf Wiedersehen. –

Puttgam geht still und nachdenklich zur Tür hinaus.

PANKRAZ *zu Eva* Mögen Sie Musik?

Eva nickt. Pankraz steckt 10 Pfennige in den Automaten.

PANKRAZ *zu Frau Adam* Das ist jetzt privat.

Der Klavier-Automat spielt »Fräulein, wollen Sie nicht ein Kind von mir in Pflege nehmen?« Sehr laut und lärmend, währenddessen Geschrei der Herren: »Bedienung, Fräulein Eva.« Die Tür des Nebenzimmers öffnet sich, sodass man einen Teil von einer Rede hört. Die Bühne dreht sich. Man sieht das Billardzimmer, dessen einzigen Einrichtungsgegenstand ein großer Billardtisch mit abgeschabter Bespannung bildet. In der Hinterwand ist eine Tür zum Vereinszimmer, die im Augenblick offen steht. Man sieht durch die Tür die Diskutierenden.

KAUFMANN *Vorsitzender* Wir hätten es uns so ausgezeichnet gedacht, wenn Sie, Herr Stadtrat Erhardt, den Radiovortrag … –

STADTRAT Ausgeschlossen, ich bin kein Redner, meine Herren. Ein kleines Helles! Ich bin ein einfacher Mann der Tat.

APOTHEKER Vielleicht könnte Herr Schulrat mit mir Platz tauschen, damit man die Tür offen lassen kann, weil mich sonst in wenigen Minuten der Schlag trifft.

KAUFMANN *als Vorsitzender* Zur Tagesordnung, meine Herren.

Schulrat und Apotheker wechseln den Platz.

KAUFMANN Mit dem Rundfunk ist alles geordnet: Heute in einer Woche um vier Uhr erwartet man unsern Herrn Redner. Er hat also wie besprochen Punkt für Punkt die Prinzipien des DAFV darzulegen.

SCHULRAT Meine Herren, ich vertrage absolut keinen Zug, und wenn Sie nicht meine Gesundheit aufs Spiel setzen wollen, – –

APOTHEKER Dann soll mich der Schlag treffen. Warum denn nicht?

ADAM Da muss sich doch ein Ausweg finden lassen.

KAUFMANN Dann schließen wir vielleicht die Tür für eine kurze Zeit.

APOTHEKER Ein salomonisches Urteil.

Die Tür wird geschlossen. – Eva sitzt auf der Ecke des Billardtisches. Pankraz steht neben ihr und betrachtet sie eingehend.

PANKRAZ *Zeigt auf den Tisch* Gerade da werd ich den Kopf haben.

Eva rückt beiseite.

PANKRAZ Wenn man sich einfügt, lässt sich hier leben, Fräulein.

EVA Sie haben sich … eingefügt?

PANKRAZ Leidlich.

EVA Haben Sie eigentlich einen Beruf?

PANKRAZ Abgelegte Berufe. Ich war Eintänzer, Barmixer, Filmstatist. Auch Unternehmer. Alles sehr anständige Sachen. Der Mond geht auf.

EVA Sagen Sie bitte nicht: Über den Wipfeln.

PANKRAZ Nein. *Zart.* Das würde ich nie, obwohl er tatsächlich … Fräulein.

APOTHEKER *stürzt heraus* Tut mir leid, aber ich bin kein Selbstmordkandidat. Um Himmels willen, Fräulein, besorgen Sie mir ein Glas Wasser!

Eva geht nach links. Durch die offene Tür hört und sieht man wieder die Versammlung.

KAUFMANN Gegenprobe. Also ist Herr Stadtrat Erhardt in den DAFV aufgenommen. Wir begrüßen ihn als unser jüngstes Mitglied und wünschen ihm alle ein Petri-Heil!

ALLE Petri-Heil!

STADTRAT Aber der Vortrag.

KAUFMANN Den Vortrag hält also unser bewährter Redner, Schulrat Wittibtöter. Irgendein Einwand? Machen Sie schnell, Apothekerchen, man kann ja nicht abstimmen ohne Sie.

Apotheker stürzt das Glas Wasser hinunter, geht ins Vereinszimmer zurück. Die Tür wird geschlossen.

PANKRAZ Fräulein?

EVA Ja?

PANKRAZ Sie haben eine magnetische Wirkung. Es geht etwas von Ihnen aus, unbedingt. Etwas, das einen durchzuckt von hier bis hier. Wie ein Blitz …

In diesem Moment kommt Frau Adam mit Federbetten im Arm herein. Pankraz verstummt, wendet sich um und sagt abschließend:

PANKRAZ Nun ja, wie ein Blitz.

FRAU ADAM *zu Eva* Stehen Sie mal auf, ich muss das Bett machen. Viel Zeit haben Sie.

Eva gehorcht. Frau Adam breitet das Leinentuch über den Billardtisch.

FRAU ADAM *zu Pankraz* Sie müssen die Beine anziehen, sonst stoßen Sie mit den Zehen an die Kante. Das tut weh und ruiniert die Bespannung. Hier lege ich die Kissen hin. Wälzen Sie sich nicht zu viel herum. Sonst fallen Sie auf den Boden. Ziehen Sie die Knie an im Schlaf?

PANKRAZ Meistens, Frau Adam.

FRAU ADAM Dann brauche ich kein Laken für unten, die Socken können Sie ja anbehalten.

Hier fliegt die Tür durch den Anprall des daran lehnenden Apothekers auf. Über den Tisch gebeugt, hochrot im Gesicht, schreit der

OBERFÖRSTER Was sagen Sie da, Adam?

Die Tür bleibt offen wie ein Mund vor Staunen.

ADAM Ich mache den Vorschlag, den Weidenteich und die fünf anliegenden Seen in Brutteiche zu verwandeln. Dazu brauchen wir natürlich die Unterstützung der Stadt.

STADTRAT Ja, Mann, Sie sind wohl wahnsinnig geworden. Mit welcher Begründung könnte ich einen solchen Vorschlag befürworten?

ADAM Unsere Teiche sind für diesen Zweck besonders geeignet. Ich habe den Boden sorgfältig untersucht. Er besteht aus undurchlässigem Lehm. Unsere Teiche sind reich an Brunnenkresse, Teichlinse, Wasserfloh und Köcherfliegen. Da sie eine Sommertemperatur von 20° Celsius erreichen, kann man Karpfen, Schleie, Karauschen, Hecht, Aal und Zander in ihnen züchten. Was den Besatz betrifft …

STADTRAT Dürfte ich bitten, dass Sie kein Jägerlatein sprechen, wenn ich Sie verstehen soll.

KAUFMANN Die Fische, die man in einen Teich einsetzt, nennt man Besatz.

ADAM Wir müssen nur, wie gesagt, die fünf Teiche um den Weidenteich als Streich- und Bruststeckteich, Abwachs- und Überwinterungsteich …

OBERFÖRSTER Es ist einfach Wahnsinn.

ERREGTE ZWISCHENRUFE Glatter Wahnsinn! Was versprechen Sie sich denn davon?

ADAM Lassen Sie mich aussprechen, meine Herren! Ich möchte Sie darauf aufmerksam machen, was der Ausbau dieses Planes für unsere Stadt Seebrücken und unser Vaterland bedeuten würde. Wozu jährlich für soundso viel Hunderttausende Mark Säue aus dem Ausland einführen?

ZWISCHENRUF Sehr richtig!

ADAM Wir können nicht nur den Bedarf unserer Stadt decken, wir können Deutschland mit Süßwasserfischen versorgen. Die Fischpreise müssen fallen und der Fisch als Nahrungsmittel für jeden erschwinglich werden. Konservenfabriken würden entstehen, die Arbeitslosigkeit unserer Stadt würde schwinden, und wenn das Projekt sich entwickelt, wie ich erwarte, wird man unsern Mühlbach zu einem fahrbaren Kanal ausbaggern, sodass die direkte Verbindung mit dem Meer gegeben ist.

ARENDT Donnerwetter, das hat Perspektive.

APOTHEKER Sie mit Ihrer Perspektive. Man kann ja auch eine Käsefabrikation auf der Milchstraße einrichten.

OBERFÖRSTER *zornrot* Und Sie glauben, dass ich den Weidenteich hergebe? Fünf Jahre hat mir der DAFV die Pachtrechte überlassen. Lieber will ich ein Kind von meiner Zuchtsau.

ADAM Sie würden doch entschädigt werden.

OBERFÖRSTER Es kommt nichts Besseres nach. Lieber einen Weißfisch in der Hand, als einen Karpfen auf dem Dach.

SCHULRAT Alles Neue stößt auf Widerstand. Es handelt sich nur darum, zu untersuchen, ob er berechtigt ist.

STADTRAT Berechtigt? So etwas würde Tausende kosten.

APOTHEKER Ich glaube, in Ihnen steckt eine Grippe, Adam.

ARENDT Ich finde, die Idee hat Zukunft.

STADTRAT Der Ruin der Stadt.

STIMMEN Eine Quelle von Möglichkeiten. Ein Aufblühen des Handels. Blödsinn! Eine Herausforderung!

FRAU ADAM *schließt mit einem Ruck die Tür. Der Lärm wird undeutlich.* Die quatschen noch zwei Stunden. Wir müssen morgen um sechs auf.

PANKRAZ Wie finden Sie Herrn Adams Idee? Da war heut ein Zug drin. Ob er das durchsetzt?

FRAU ADAM Vergessen Sie nicht, das Licht auszumachen. *Zu Eva.* Sie können sich dann die übrig gebliebenen Brötchen nehmen. Ich hab sie rausgelegt.

Eva geht ins Büfett.

FRAU ADAM *zu Pankraz* Lassen Sie die Finger weg von dem Mädel.

PANKRAZ Ich hab sie gar nicht drauf.

FRAU ADAM Ich schlaf nicht tief in der Nacht. Ich höre gut, Pankraz.

PANKRAZ Da sollen Sie sich mal ein Tuch um den Kopf binden, Frau Adam, das beruhigt die Nerven.

Kleine Pause.

FRAU ADAM Fünf Bleiknöpfe waren wieder im Automaten. Letzte Woche falsche Groschen. Jetzt nimmt er Knöpfe.

PANKRAZ Ungeheuerlich! Haben Sie aufgepasst?

FRAU ADAM Den Puttgam hab ich im Verdacht.

Sie legt die Knöpfe auf den Billardtisch. Pankraz lässt sie durch die Finger gleiten.

FRAU ADAM Bleiknöpfe. Und wissen Sie, wo sie herkommen?

Pankraz schüttelt den Kopf.

FRAU ADAM Aus unseren Vorhängen herausgetrennt. Das ist die Höhe! Wie das der Kerl bloß macht? Ich lass so kein Aug von ihm.

PANKRAZ Ein gefährliches Subjekt.

FRAU ADAM Wenn ich den erwisch, der kriegt zehn Jahre Zwangsarbeit.

PANKRAZ *der mit der Hand über den Billardtisch streicht* Wenigstens!

FRAU ADAM Hart liegen ist gesund für einen jungen Menschen. Und das Mädel wird nicht alt hier. Schlafen sie gut, Pankraz!

PANKRAZ Sie auch, Frau Adam. Und nehmen Sie sich das Tuch um den Kopf, man schläft ruhiger.

Eva kommt zurück.

FRAU ADAM Ich führ Sie aufs Zimmer. Nehmen Sie das Licht für die Treppe.

EVA Warum denn? Ist kein elektrisches Licht?

FRAU ADAM Damit jeder brennen lässt und mein Geld vertut.

Eva geht noch einmal zurück, kommt mit einer brennenden Lampe wieder. Frau Adam steht in der Tür wie ein Pflock und verhindert jede Verständigung zwischen Pankraz und Eva. Pankraz macht trotzdem einen Schritt. Frau Adam wendet sich ihm zu. Er lässt davon ab und stellt sich zum Billardtisch.

EVA Wenn aber die Herren noch was brauchen?
FRAU ADAM Dann wird Herr Adam bedienen.

Sie lässt Eva vorangehen und folgt mit der Lampe in der Hand. Dunkel. Die Bühne dreht sich. Man sieht Frau Adam und Eva die Treppe hinaufsteigen. Hört einen Moment lang die Stimmen der diskutierenden Herren: »Ausgeschlossen, ich protestiere! Noch ist der verrückte Vorschlag nicht angenommen. Es geht um die Existenz des DAFV.« Die letzten Worte sind schon leise. Es wird hell in der Badestube, in der ein Bett steht. An der Wand eine graue Blechwanne, aus dem Rohr tropft dauernd monoton Wasser herunter. Über der Wanne ein Brett, auf dem die Zahnputzgläser und Zahnbürsten der Familienmitglieder aufgestellt sind. Ein Tuch, auf dem mit gesticktem Kreuzstich steht: »Ordnung erfreut«. Frau Adam nimmt ihr Zahnputzglas, tut Creme auf die Bürste.

FRAU ADAM Sie können sich ruhig ausziehen. Herr Adam braucht sich nicht die Zähne zu putzen, wenn er schlafen geht. Es wird spät.

Sie gurgelt und spuckt aus. Eva hat ihr Kleid ausgezogen und sich aufs Bett gesetzt.

FRAU ADAM Mager sind Sie.
EVA Warum mögen Sie mich denn nicht, Frau Adam?
FRAU ADAM *gurgelt und spuckt in die Wanne* Wer sagt denn das?
EVA Niemand. Ich.

FRAU ADAM Hier geht alles, wie es geht, einen Tag um den andern.

EVA Ich nehme Ihnen ja nichts weg.

FRAU ADAM Wir brauchen auch nichts dazu. Lassen Sie nicht zu lang Licht und machen Sie keinen Lärm. Wir schlafen daneben. Gute Nacht.

EVA Gute Nacht, Frau Adam.

Fasst ihr Kleid an, das an einer Leine zum Trocknen hängt, wäscht sich die Hände. Von unten der Lärm der diskutierenden Männer. Von nebenan das Krachen des Betts und das monotone Tropfen des Wassers. Eva verlöscht das Licht und legt sich ins Bett. Leise Schritte auf der Treppe. Die hölzerne Treppe kracht. Dann wird die Tür aufgeklinkt. Eva setzt sich mit einem unterdrückten Aufschrei im Bett auf.

PANKRAZ *legt den Finger auf den Mund, flüstert* Er ist zu hart.

EVA *ebenfalls flüsternd* Wer denn?

PANKRAZ Der Billardtisch. *Er nähert sich ihr. Zeigt an seinem Bein.* Hier!

EVA Sie werden sich daran gewöhnen.

PANKRAZ Ich hab eine riesig empfindliche Haut, Fräulein. Ich wollte Ihnen eigentlich einen Vorschlag machen …

FRAU ADAM *im Nachthemd mit einem übergeworfenen Schlafrock, öffnet die Tür* Ich hab die Zahncreme nicht zugeschraubt. Ich hab gewusst, dass Sie ihn herrufen werden.

EVA Ich hab ihn nicht gerufen, Frau Adam.

FRAU ADAM Man kann rufen, und der Mund bleibt zu dabei. Man kann rufen und spricht kein Wort.

EVA Ich brauch ihn nicht, nehmen Sie ihn mit.

PANKRAZ Ich bin mündig, Frau Adam. Ich bin 24 Jahre und kann tun und lassen, was ich will.

FRAU ADAM Tun werden sie, was ich Ihnen sage, und lassen werden Sie das Mädel. Sonst können Sie machen, was Sie wollen.

PANKRAZ Ich bin ein Mann, Frau Adam.

FRAU ADAM Eben darum gehen Sie jetzt raus hier.

EVA Sie wollten die Tube von der Zahncreme zumachen.

PANKRAZ Und wenn ich die Nacht auf dem Kirchturm schlafen will, so geht das Sie nichts an.

FRAU ADAM Die ist kein Kirchturm, sie ist ganz was andres.

Wieder Tritte auf der Treppe. Adam tritt ein, während Eva sagt:

EVA Beleidigen lass ich mich nicht gern, Frau Adam.

ADAM Wer beleidigt Sie denn?

Schweigen.

FRAU ADAM Niemand. Ich hab nur gesagt, dass sie kein Kirchturm ist. Stimmt das?

PANKRAZ Ja, aber mit einer Spitze.

FRAU ADAM Von einer Spitze hab ich nichts gesagt.

ADAM Wieso ist denn der junge Mann hier, anstatt auf seinem Billardtisch?

FRAU ADAM Wieso bist du denn hier, anstatt in deiner Sitzung?

ADAM Und wozu bist du aus dem Bett aufgestanden?

EVA Dabei brauch ich wirklich keinen von Ihnen.

FRAU ADAM Das Mädel muss hier weg. Das bringt nur Unruhe.

ADAM Man kann auch den Pankraz wegschicken.

FRAU ADAM Wie kannst du denn einen Menschen so beleidigen? Er ist so empfindlich.

PANKRAZ Das berührt mich gar nicht, Frau Adam.

ADAM Und was hat dir das Mädchen getan?

FRAU ADAM Nichts. Sie ist ein Vampir.

ADAM Woher weißt du denn das?

FRAU ADAM Das seh ich.

ADAM Sie hat doch kaum etwas gesagt, heute Abend.

FRAU ADAM Sie braucht nichts zu sagen. Das sieht man, wenn man Augen hat. Hast du die Männer nicht gesehen? Die wittern den Braten.

ADAM Blödsinn!

FRAU ADAM Die fängt an zu glitzern, wenn ein Mann ihr in die Nähe kommt. Eine andere Haut bekommt sie und andere Augen. Wenn der Mund zubleibt, kokettiert sie mit den Beinen. Mit den Hüften winkt sie. Aus dem ganzen Körper macht sie einen Haken, an dem sie die Männer heranangelt.

Eva hat sich im Bett aufgesetzt und hört mit großem Interesse Frau Adam zu.

ADAM Clementine, du hast dich erkältet. Eine Influenza steckt in dir. Nimm ein Aspirin und deck dich mit dem Federbett zu.

FRAU ADAM Wir haben hier ein Automatenbüfett und kein Puff.

EVA Ich hab mir gleich gedacht, Herr Adam, dass nichts Besseres nachkommt.

ADAM Wenn du jetzt noch ein Wort weiter sagst, hol ich den Apotheker herauf, dass er dir was verschreibt. Und das alles nur, weil der Bursch hier herumsteigt. *Zu Pankraz.* Warum sind Sie hier?

PANKRAZ Das Billard ist mir zu hart, Herr Adam.

ADAM Sie sind jung.

PANKRAZ Aber zart, Herr Adam. Darauf nehme ich Rücksicht und verlange es auch von anderen.

ADAM Und ich sage Ihnen, entweder Sie sind jetzt hier draußen, bis ich bis drei zähle …

FRAU ADAM Das Büfett ist von dem ersparten Geld meines Vaters gekauft, auch die Möbel und das Bettzeug.

ADAM *ohne auf ihren Einwand zu achten* … oder Sie kriegen meine Hände zu spüren. *Zu Frau Adam hin.* Die hab ich nicht von deinem seligen Vater.

PANKRAZ Gegen Rohheiten kann sich der Gebildete nicht schützen, als indem er nachgibt. Wenn ich morgen ein paar unbegründete Löcher hinten habe, so mache ich Sie dafür verantwortlich. *Er geht mit großer Würde ab.*

ADAM Und du gehst jetzt ins Bett, Clementine.

FRAU ADAM Wo hast du bloß den Ton her, Adam, möchte ich wissen?

Von unten Rufe: »Adam, Hallo, Herr Adam!«

ADAM Sie sind mit der Abstimmung fertig. Ich muss hinunter.

FRAU ADAM Vergiss nicht zu kassieren, wenn sie gehen; deine Zahnbürste nehm ich hier raus.

Adam ab.

FRAU ADAM So eine Nacht hab ich noch nie erlebt, seit wir hier sind.

EVA Hoffentlich ist jetzt Ruhe.

FRAU ADAM *nachdenklich* Ich versteh das nicht. Was ist denn dran, an so einer? Die Dünnen zieh'n das Blut aus den Männern, weil sie selbst keins haben.

EVA *schläfrig* Wird hier die ganze Nacht gesprochen, Frau Adam?

FRAU ADAM Nur weil Sie das Haus auf den Kopf stellen. *Sie wendet sich zum Gehen.*

EVA Kann man denn die Tür nicht zusperren?

FRAU ADAM Der Schlüssel fehlt. Heut kommt keiner mehr.

EVA Umso besser, Frau Adam.

Frau Adam geht hinaus. Man hört das Krachen des Bettes im Nebenzimmer. Eva geht ans Fenster, beugt sich hinaus, versucht, den Wasserhahn abzudrehen und geht wieder ins Bett. Von unten Geräusche der weggehenden Männer: »Also Wiedersehen, nichts für ungut, muss durchgesetzt werden, ist ein genialer Plan. Grüßen Sie das schöne Fräulein etc. Liegt wohl schon in der Klappe.« Gelächter. Schließen der Tür.

ADAMS STIMME Hinten raus! Gute Nacht.

STIMMEN Gute Nacht! Und schlafen Sie Ihre wilden Pläne aus, Adam!

Stille. Dann wieder Krachen der Treppe. Schnarchtöne von Frau Adam. Dann öffnet sich die Tür und Adam kommt leise herein. Bleibt stehen, horcht, hört das Schnarchen seiner Frau und sagt beruhigt:

ADAM Sie schläft. Ich muss mit Ihnen sprechen. Kann ich mich auf Ihr Bett setzen, damit ich nicht so schreien muss?

EVA Ans Fußende.

ADAM Aber da hören Sie doch nichts.

Eva antwortet nicht. Er setzt sich an ihr Bett.

ADAM Eva, heut ist ein großer Tag für mich. Sie haben mir Glück gebracht. Aber Sie müssen mir helfen.

Eva, die in der Richtung zum Fenster blickt, sieht plötzlich Pankraz' Kopf im Fensterrahmen auftauchen. Sie zuckt zusammen. Adam wendet sich um, der Kopf verschwindet.

ADAM Was ist denn?
EVA Ein Gesicht.
ADAM Leiden Sie öfter an Gesichten?
EVA Nur manchmal.
ADAM Sie sind sehr müde.

Eva nickt.

ADAM Eva, ich habe einen Plan, der von grundlegender Bedeutung für diese Stadt ist.
EVA *ganz schläfrig* So wichtig ist so ein Fischteich?
ADAM Das können Sie noch nicht ganz verstehen. Das bedeutet gesunde, richtig ernährte Menschen und ungeheure wirtschaftliche Möglichkeiten.
EVA Verdienen Sie auch Geld dabei?
ADAM Vielleicht. Aber das kommt erst in zweiter Linie. Es wird nicht leicht sein, das durchzusetzen.
EVA Ja, aber wenn es so gut ist, warum sind dann nicht alle dafür?
ADAM Bei uns stößt alles Neue auf Widerspruch. Vor allem setzen sich drei Männer diesem Plan entgegen. Der Oberförster, weil er den Teich in Pacht hat; der Stadtrat, weil er Ausgaben fürchtet; und der Apotheker, der Teufel weiß warum.

Pankraz' Kopf taucht wieder im Fensterrahmen auf.

EVA Ist denn ein Baum vor dem Fenster?

ADAM Ja, die Kastanie. Stören Sie die Zweige, dann kann man …

EVA *ängstlich* Nein, nein, sprechen Sie weiter.

ADAM Eva, ich habe bemerkt, dass Sie, ohne es selbst zu wissen, einen Zauber auf die Männer ausüben.

EVA *erfreut* Ja, stimmt das, was Frau Adam vorhin erzählt hat?

ADAM Eva, Sie müssen sich in den Dienst der Sache stellen.

EVA Der Fische?

ADAM Anstatt Ihre Reize spielerisch zu verschwenden, verwenden Sie sie für einen höheren Zweck. Finden Sie heraus, warum sich diese drei Männer einem Projekt entgegensetzen, das der ganzen Stadt zugutekommt, und bringen Sie sie davon ab. Ich möchte Sie um Gottes willen nicht zu etwas veranlassen, was Ihnen unangenehm ist!

Eva schweigt, während er sie betrachtet.

ADAM Bei Ihnen weiß man nie, ob Sie zuhören, ob Sie schlafen, oder ob Sie einen auslachen.

EVA Ich hab zugehört. Bei uns ist es umgekehrt.

ADAM Wieso?

EVA Wie in der Bibel, mein ich. Diesmal verführt der Adam die Eva. Und Äpfel gibt's leider auch nicht. Ich ess so furchtbar gern in der Nacht Äpfel.

ADAM Ich spreche im Ernst.

EVA Ich auch, Herr Adam.

ADAM Also, Sie helfen mir?

EVA Angler angeln, das mach ich gern. *Entsetzt.* Um Gottes willen, sie schnarcht nicht mehr!

ADAM *steht auf, beginnt sich seine Schuhe aufzuschnüren und flüstert* Ich gehe schon. Wir sprechen morgen weiter. Stecken Sie den Arm unter die Decke, es kommt kalt vom Fenster. Und schlafen Sie gut in der ersten Nacht. *Während er auf Strümpfen zur Tür schleicht.* Denken Sie drüber nach! Jeder kämpft mit seinen Waffen. Man muss kämpfen für eine Idee. *Schleicht auf Zehenspitzen hinaus.*

EVA Gute Nacht.

Pankraz taucht jetzt im Fensterrahmen auf, hebt ein Bein und steigt durch den Fensterrahmen.

PANKRAZ War das ein Schmus!

EVA Sagen Sie einmal, was wollen Sie eigentlich hier?

PANKRAZ Zauberhaft ist Ihr Arm im Mondlicht.

EVA Ich möchte schlafen.

PANKRAZ Ich auch, aber womöglich bei Ihnen.

EVA Wenn ich den Arm ausstrecke, kann ich ohne Weiteres an die Wand klopfen.

PANKRAZ Das werden Sie nicht tun.

EVA Das ist nicht so sicher.

PANKRAZ Lassen Sie mich wenigstens in der Badewanne schlafen. Da unten ist man so ausgeschaltet.

EVA Und morgen früh?

PANKRAZ Kann ich durchs Fenster wieder hinaus. *Er nähert sich Eva, das für alle Fälle mitgebrachte Kissen unter dem Arm.*

EVA Pst!

PANKRAZ *bei der Wanne* Furchtbar kalt, und außerdem tropft es.

EVA Steigen Sie nur ruhig hinein!

PANKRAZ Kann ich vielleicht irgendetwas um den Hahn wickeln?

EVA Nehmen Sie ein Handtuch.

Pankraz nimmt ein Handtuch und reißt dabei ein Wasserglas herunter, das zerbricht.

EVA Um Gottes willen!

Es bleibt ein paar Sekunden lang ganz still. Beide lauschen atemlos, aber nichts geschieht.

EVA Sie schlafen.
PANKRAZ *ist in die Wanne gestiegen* Kennen Sie Karl May?
EVA Natürlich.
PANKRAZ Haben Sie gelesen, dass die Roten, wenn sie ihre Feinde an den Marterpfahl binden, immer einen Tropfen Wasser an die gleiche Stelle fallen lassen? Wenn man das eine Nacht lang macht, sind die Leute am nächsten Tag wahnsinnig.
EVA Schreien dürfen Sie aber nicht.
PANKRAZ Eva, Sie verstellen sich. Ich weiß, dass ich Eindruck auf Sie gemacht habe. Eva, nur ans Fußende, ich bleibe ganz still. *Er niest.* Ich bekomme Lungenentzündung.
EVA *sehr sanft, halb schlafend* Es gibt ärgere Sachen.
PANKRAZ Haben Sie schon einmal in den Armen eines Mannes gelegen?
EVA Danke, ja.
PANKRAZ Wer war das?
EVA *halb im Schlaf* Willibald Boxer.
PANKRAZ Kein feiner Mensch?

Eva antwortet nicht. – Pause. – Das Tropfen des Wassers.

PANKRAZ *stößt einen unartikulierten Laut aus* Wenn ich wüsste, wo ich die Beine hintun soll.
EVA Vielleicht auf den Rand. Gute Nacht.

Stille. – Unaufhörlich monotones Wassertropfen.

PANKRAZ *richtet sich in der Wanne auf* Schlafen Sie schon?
EVA Mhm.

Pankraz steigt aus der Badewanne, nähert sich Evas Bett, schlägt die Decke zurück und versucht, sich zu ihr zu legen. Eva richtet sich mit einem unerwarteten Ruck auf und gibt ihm eine Ohrfeige, sodass er an die Badewanne prallt. Dort bleibt er sitzen.

PANKRAZ Ist das Ihr letztes Wort?
EVA Das vorletzte.
PANKRAZ *nach einer Pause* Was haben Sie mir noch zu sagen, Eva?
EVA *ganz leise und sanft* Schwein.

ZWEITER AKT

Das gleiche Automatenbüfett eine Woche später. Der Radiolautsprecher steht auf dem Büfett. Adam, in Hemdsärmeln, hantiert daran herum.

ADAM So, das wäre in Ordnung.

Frau Adam sitzt am Büfett und rechnet. Der Briefträger kommt herein.

BRIEFTRÄGER Guten Abend.

Trinkt ein Bier. Bringt eine Rechnung, nach der Adam greifen will, aber Frau Adam kommt ihm zuvor. Der Briefträger geht hinaus. Frau Adam öffnet den Brief.

FRAU ADAM Die Rechnung vom Schneider.
ADAM *ruhig* Ja.
FRAU ADAM Für das Mädel.
ADAM Ja.
FRAU ADAM Vierzig Mark.
ADAM Sie muss doch was zum Anziehen haben.
FRAU ADAM In den fünfzehn Jahren, die wir zusammen sind, hast du nie vierzig Mark für mich ausgegeben.
ADAM Du hast doch immer gehabt, was du brauchst, Clementine.
FRAU ADAM Die wär schon längst hier draußen, wenn wir nicht, seit sie hier ist, täglich für 10 Mark mehr Umsatz hätten.
ADAM So viel?
FRAU ADAM Der Apotheker kommt viermal am Tag vorbei und trinkt eine Molle zu 15 – ist sechzig. Herr Arendt schreibt seine Artikel hier und isst fünf Bröt-

chen; ich glaub, das ist sein Mittagsbrot; und trinkt saure Sahne – macht eine Mark zehn. Dem alten Stadtrat kann man schon die Brötchen vom Tag vorher vorsetzen. *Geheimnisvoll.* Denn das ist so wie ein Kreis. Bei ihren Beinen fängt es an, den Männern steigt's zu Kopf, sie fangen an zu schwitzen, und das muss durch essen und trinken wieder herein. Aber ein Leichtsinn bleibt es mit den vierzig Mark.

Arendt kommt mit Papier unter dem Arm herein.

ARENDT Guten Morgen. *Geht an den Automaten.* Eins, zwei, drei, vier, fünf. *Während er fünf Brötchen herausangelt, zu Adam.* Ist das Radio in Ordnung?

ADAM Natürlich, Herr Arendt, eben nachgesehen.

ARENDT Unser Schulrat ist schon auf dem Wege, ja. *Während er spricht, sieht er sich nervös nach allen Seiten um.* Ist Fräulein Eva nicht hier? Ich hätte sie gern einiges gefragt.

ADAM Sie muss jeden Augenblick zurückkommen.

FRAU ADAM Wo läuft sie denn eigentlich wieder den ganzen Tag herum?

ADAM Ich hab dir doch gesagt, sie erledigt einiges für mich. *Zu Arendt.* Vielleicht setzen Sie sich da nebenan. Da sind Sie ganz ungestört beim Schreiben.

ARENDT Wenn das Fräulein …

ADAM Ja, wenn Eva kommt, schicken wir sie hinein.

FRAU ADAM Wo hast du sie hingeschickt?

Pankraz ist lautlos aufgetaucht.

ADAM Sie besorgt was für mich, hab ich dir schon gesagt, Clementine.

PANKRAZ Sie ist in der Stadt tätig. Sie scheint sich nicht ganz wohl zu fühlen. Heute früh war sie wieder beim Apotheker, und jetzt ist sie beim Stadtrat. Frau Stadtrat Erhardt wird es leidtun. Sie ist zum Kaffee eingeladen.

ADAM Wer hat Sie denn gefragt, Pankraz?

PANKRAZ Man teilt nur seine Beobachtungen mit.

ADAM Da wird sie ja bald hier sein, wenn Sie uns das Vergnügen machen.

PANKRAZ Ganz meinerseits, Herr Adam. *Zu Frau Adam.* Ich halte meine Augen offen, und es wäre gut, wenn andere Leute das auch täten.

Er will mit der Geste des Beleidigten ab. Frau Adam hinter ihm.

FRAU ADAM Herr Pankraz, tun Sie mir den Gefallen, probieren Sie ein Glas von dem neuen Fass.

PANKRAZ Sie sind ein Urweib, Frau Adam.

Puttgam kommt herein, er sieht frischer und vergnügter aus als im ersten Akt, geht auf den Automaten zu, nimmt ein Brötchen und Bier. Frau Adam, die ihn immer wie ein Argus bewacht.

FRAU ADAM Na, was ist denn heute los?

PUTTGAM Heute ist doch mein Streichholzverkaufstag beim Herrn Schulrat. Und heute war er so aufgeregt, dass er mit mir gesprochen hat wie mit einem Nebenmenschen, wirklich. Halten Sie mir den Daumen, Puttgam, hat er gesagt, und hat mir eine Mark gegeben und hat kein Kleingeld zurückverlangt. Heut ist ein Feiertag für mich, Herr Adam.

Eva kommt von draußen; sie trägt ein neues Kostüm und sieht erhitzt und sehr hübsch aus.

FRAU ADAM Dass Sie überhaupt wiederkommen!
EVA Ich hatte zu tun, Frau Adam.

Pankraz verschluckt sich an dem Bier, das er trinkt. Puttgam haut ihm mit aller Kraft auf den Rücken.

PANKRAZ *hustend* Was … was …
PUTTGAM Das ist das Beste gegen den Schluckauf.

Eva geht hinaus, um ihre Sachen abzulegen. Adam will ihr folgen, aber:

FRAU ADAM Adam, hilf mir mal die Bank aus dem Vereinszimmer hereintragen, ehe die Leute kommen.

Adam geht mit ihr nach rechts.

PANKRAZ *zu Puttgam* Sie nehmen sich einiges heraus.
PUTTGAM Man steht seinem Mitmenschen bei, wenn er in Not ist, ich wenigstens.
FRAU ADAMS STIMME Pankraz! Pankraz!

Pankraz geht maulend hinaus. Eva kommt mit der Schürze zurück. Puttgam greift in die Hosentasche und überreicht ihr schüchtern eine kaum mehr als solche erkennbare Rose. Eva nimmt sie lächelnd.

EVA Danke, Herr Puttgam.
PUTTGAM Heute früh hab ich Ihretwegen einen Gewissenskonflikt gehabt. Ob ich für 10 Pfennig eine Rose ehrlich erwerben oder umsonst im Park pflü-

cken soll. Die Vernunft hat gesiegt. Es ist auch ganz was andres, frisch vom Strauch.

EVA *lacht* Und ein bisschen sind Sie dann drauf gesessen.

PUTTGAM Tatsächlich, ich musste sie doch in der Tasche … wegen des Parkwächters. Und dann hab ich [es] vergessen, bis ich hierher kam. Ich bin so geistesabwesend. Ich mach jetzt auch wieder Gedichte.

EVA Wirklich?

PUTTGAM Kennen Sie Heine?

EVA Ja. Er war bei … bei einem Bekannten in Ganzleinen.

PUTTGAM Der Heine, der dichtete auch meistens in der Nacht. Aber wissen Sie, was der Hauptunterschied zwischen ihm und mir ist?

Eva schüttelt den Kopf.

PUTTGAM Er hat in der Nacht immer im Bett geschlafen, und ich fast nie in den letzten Monaten. Das wirkt sehr auf das Innere, Fräulein Eva. Und das Dichten war so leicht für ihn, denn auf Pfühl reimt sich Gefühl ganz selbstverständlich, aber auf Bank – ich hab sehr lang nachgedacht heute, aber außer krank und Gestank hab ich nichts gefunden.

EVA Armer Puttgam.

PUTTGAM Fräulein Eva, wenn ich einmal wieder ausgestreckt in einem richtigen Bett liege, ein Kissen unterm Kopf und eine Decke überm Bauch, dann könnte ich über Ihren Mund, über Ihre Haare und über Ihre Hände so allerhand … Bände könnte ich da –

Die Tür wird während der letzten Worte geöffnet. Frau Adam, Adam und Pankraz tragen eine Bank herein.

FRAU ADAM Heb doch hinten höher, Adam. Wir haben ja das ganze Gewicht vorn. Nicht vor die Tür. Ich hab gewusst, du wirst mir den Bankfuß auf das Hühnerauge stellen.

Die Bank wird endlich niedergestellt, man wischt sich den Schweiß von der Stirn. Arendt kommt aus dem kleinen Zimmer.

ARENDT Fräulein Eva, ich habe da einen Artikel für die Frauenbeilage über Blumenzucht im deutschen Haushalt zu schreiben.

EVA Ja, aber ich verstehe doch gar nichts davon, Herr Arendt.

ARENDT Sie inspirieren mich, ob Sie wollen oder nicht.

FRAU ADAM *mit einem Blick auf Puttgam zu ihrem Mann* Der Harzer stinkt heute direkt unanständig, so mild ist er.

ARENDT *irritiert* Bitte kommen Sie einen Augenblick nach nebenan. So etwas bringt einen ganz heraus.

Sie gehen in das kleine Zimmer und Arendt liest.

ARENDT In unserer ernsten, schicksalsumwitterten Zeit ist es besonders wichtig, bewusst ein wenig Freude ins Dasein zu bringen. Wer ist dazu geeigneter als unsere Frauen, und was ist dazu geeigneter als Blumen? Aus winzigen Samen sprossen sie, ein ewig neues Symbol des Lebens, das aus heiligen unbekannten Quellen gespeist wird.

EVA Die Blumen meinen Sie?

ARENDT Gewiss, das ist doch verständlich, oder finden Sie es nicht klar?

EVA Nein, ich hab nur gefragt.

ARENDT *liest weiter* Schüchtern keimen sie, schlucken die Wassertropfen, die man ihnen spendet, dankbar ein und wachsen dem Licht entgegen. Was könnte erfreulicher sein für den sorgengequälten Mann, was bildender für das heranwachsende Kind ... Weiter bin ich noch nicht. Haben Sie eine Ahnung – gemütvoll soll es ein, antisemitisch, aber nicht aggressiv; menschlich soll es sein, poetisch, und Reklame soll es machen für die grünen Blumenkästen von Meyer & Sohn, weil die bei uns inserieren. Und das alles für 178 Mark Monatsgehalt. Ich möchte ja ganz andere Sachen schreiben.

Das Büfett hat sich inzwischen gefüllt.

ADAM *kommt ins kleine Zimmer* Herr Arendt, im Billardzimmer können Sie ungestört zu Ende schreiben. Hier wird es jetzt sehr unruhig. Und ich muss Fräulein Eva dringend sprechen. Es ist wirklich viel ruhiger drinnen.

ARENDT Unter diesen Umständen – *Er sucht seine Blätter zusammen und geht.*

EVA Sie lesen mir dann noch das Ende vor, nicht wahr?

Apotheker und Frau sind in das Büfett getreten.

FRAU ADAM Die Frau Apotheker schenkt uns auch einmal das Vergnügen?

FRAU APOTHEKER Sicher ist sicher, Frau Adam.

APOTHEKER Das automatische Klavier macht so hübsche Musik, Kindchen, das muss ich dir mal vormachen. Hast du einen Groschen? Pass mal auf!

Trotz der ablehnenden Haltung seiner Gattin wirft er einen Groschen ins Klavier, das einen leisen Schlager spielt. Stimmen im Büfett werden undeutlich, während Adam und Eva im kleinen Zimmer miteinander sprechen.

ADAM Eva, was hat der Stadtrat gesagt?

EVA Erst hat er gesagt, er ist ein Mann von Prinzipien und ein reeller Mann und ein Gegner von jeder Phantastik und von halsbrecherischen Projekten.

ADAM Und dann, Eva?

EVA Bevor ich wegging, hat er den Bürgermeister angerufen, hat ihn Franz genannt und sich für morgen Abend zum Essen mit ihm verabredet.

ADAM Eva, Sie sind … *Pause.* Und was war sonst?

EVA Er ist furchtbar kitzlig am Bauch. Wenn er so furchtbar ernst ist und immer Prinzip sagt, dann müssen Sie immer daran denken.

ADAM Eva, ich weiß nicht –

EVA Ich weiß, Herr Adam.

ADAM Und der Apotheker?

EVA Er hat mir seine Experimente gezeigt. Er hat einen blauen Hausanzug angehabt, und zwischen dem ersten und zweiten Knopf dicke schwarze Haare.

ADAM Na und?

EVA Er wollte gern, dass ich mich auf seine Knie setze.

ADAM So ein Schuft!

EVA Sei'n Sie nicht so hart, Herr Adam. *Nach einer Pause.* Man würde es nicht für möglich halten, wie viel ein Mensch schwitzen kann. Wissen Sie, warum er gegen Ihren Plan ist?

ADAM ?

EVA Weil seine Tochter den jungen Schlächter heiratet, und er hat Angst, dass die Schlächterei eingeht, wenn alle Fische essen.

ADAM Ist es möglich? Aber darüber kann man sich doch einigen.

EVA Das müssen Sie eben machen. Seine Experimente finde ich übrigens nicht so besonders.

ADAM Eva, Sie sind eine Zauberin, sozusagen! Aber der Widerspenstigste, Eva? Der Oberförster?

EVA Den hab ich noch nicht rumgekriegt. Bei dem wird's noch Arbeit kosten.

ADAM Wenn Sie wollen!

EVA Ihr Vertrauen ist sehr ehrend für mich, Herr Adam. *Pause.* Beim Radiovortrag gibt's übrigens heute noch eine Überraschung. Nein, ich verrate noch nichts.

ADAM Eva, versprechen Sie mir, dass Sie sich nie vergessen werden!

Eva lacht.

ADAM Und denken Sie daran, dass Sie unter meinem Schutze stehen.

EVA Das wird mir manchmal ein großer Trost sein, Herr Adam.

ADAM *fasst ihre Hände* Ich möchte nicht, dass Sie meinetwegen irgendetwas Unangenehmes …

EVA Nein, nein, Herr Adam.

Sie geht ins Büfett zurück. Adam bleibt einen Augenblick nachdenklich stehen und folgt ihr dann.

FRAU APOTHEKER Sind Sie denn heute allein, Frau Adam?

Eva ist inzwischen eingetreten.

FRAU APOTHEKER Aha. *Sie fixiert Eva.*

EVA Nehmen Sie etwas?

FRAU APOTHEKER Nehmen Sie sich in Acht!

APOTHEKER Das ist meine Frau, Fräulein Eva. Eine geistreiche Frau, riesig witzig.

THOMAS *kommt herein* Guten Abend. *Steckt 10 Pfennige in den Harzer Automaten.* Haben Sie immer noch keinen Hummer, Frau Adam?

FRAU ADAM Krabben sind gut genug für Ihre Frau. Ihretwegen kann ich keinen Hummer anschaffen.

THOMAS Dann geben Sie mir Rheinlachs.

FRAU ADAM Ist um 5 Pfennige teurer.

THOMAS Ist gut, Frau Adam. *Er eilt hinaus, läuft mit dem Stadtrat zusammen.*

STADTRAT Guten Abend, meine Herrschaften. Na, der große Augenblick rückt näher. Sehen glänzend aus, Gnädigste. Na, Puttgam? Sie Schnürsenkelphilosoph, Sie Streichholzklassiker! Was machen die großen Pläne, Adam? Was Neues in Sicht?

ADAM Muss erst das eine ins Trockene kommen.

APOTHEKER Ein Fischteich, der ins Trockene kommen muss, ist großartig.

Er lacht, verstummt aber mit einem Blick auf seine Gattin, während der Stadtrat schallend weiter lacht.

STADTRAT Großartig! Direkt klassisch! *Lacht.*

PANKRAZ Herr Stadtrat sind ja heut besonders gut gelaunt. Angenehmen Tag gehabt?

STADTRAT Leidlich, junger Mann, danke der Nachfrage. *Zur Apothekerin.* Hören Sie sich auch den Vortrag an, Gnädigste? Es wird hochinteressant.

FRAU APOTHEKER In zweiter Linie. Hauptsächlich wollte ich hier einmal …

APOTHEKER Vielleicht setzt du dich hierher, Hildchen. Es wird dann voll. Hier hörst du ausgezeichnet.

FRAU APOTHEKER Unterbrich mich nicht mit solchen Purgatellen.

OBERFÖRSTER *kommt erregt herein* In 2 Minuten, meine Herren, wenn alles klappt, ist es soweit. Hier sind die Konzepte des Vortrags für die Herren vom DAFV. Also, Daumen halten, wir können ja alle vergleichen!

Der Kaufmann und noch ein paar andere Herren treten ein.

KAUFMANN Verzeihung, ich hab mich verspätet, hatte furchtbar zu tun. Ich hätte ja auch mit meinem eigenen Radio … aber es ist ein Moment der Gemeinschaft.

Ein ältliches aufgeputztes Fräulein kommt herein.

FRÄULEIN Dürfte ich mir gestatten, ich möchte gern zuhören.

FRAU ADAM Wer sind Sie denn?

FRÄULEIN Ich bin das Mädchen von … *auf das Radio weisend* ihm.

APOTHEKER Das ist Fräulein Agnes, die Wirtschafterin von unserem Schulrat.

FRÄULEIN *bescheiden* Stütze, Herr Apotheker, sagen Sie lieber Stütze.

FRAU ADAM Dann nehmen Sie Platz und bedienen Sie sich.

RADIO Achtung, Achtung, meine Damen und Herren, Sie hören den Vortrag des Herrn Schulrat Wittibtöter aus Seebrücken, »Mensch und Fisch«, erzieherische und wirtschaftliche Betrachtungen. Herr Schulrat Wittibtöter.

DIE STIMME DES SCHULRATS *mit deutlich hörbarer Nervosität, während die Anwesenden eifrig vergleichend über ihre Zettel gebeugt sitzen* Meine Damen und Herren. Wir leben in einem Zeitalter des Hastens und Jagens, des Krampfes und des – *Sekundenlange Pause des Redners, während der ihm hörbar der Atem ausgeht.*

KAUFMANN *sagt eifrig vor* Rekordes, Rekordes.

SCHULRATS STIMME Rekordes. Tempo ist Trumpf. Wie sehr diese Unrast, die Krankheit des Amerikanismus, bei uns eingedrungen ist, lässt uns … lässt sich …

OBERFÖRSTER *nachhelfend* Mit Betrübnis.

SCHULRATS STIMME – – – … auf allen Gebieten konstatieren. Aber, müssen wir fragen, hat diese Unrast die Menschen glücklicher gemacht? Die Antwort lautet: Nein. Der Mensch zersplittert und zerreißt sich, und der Sport, Komma – *verbessernd* der Sport, der ein wirksames Gegengewicht sein sollte, verfällt dem gleichen Übel.

APOTHEKER Gut im Vortrag.

FRÄULEIN AGNES Pst! Sie stören ihn doch, wenn Sie dreinreden!

APOTHEKER Er hört uns doch nicht.

FRÄULEIN AGNES Das weiß man nicht so gewiss.

SCHULRATS STIMME *spricht indessen weiter* Die Rekordsucht macht ihn zu einer ungesunden Anstrengung anstatt zu einer entspannenden Erholung. Einzig und allein das Fischen, wo zugleich die friedvolle Umgebung und das Glucksen des Wassers die Nerven beruhigt, ist Sport, Erholung und Naturgenuss zugleich. Seele des Menschen, wie gleichst du dem Wasser, sagt unser Goethe. Und wir haben es nötig, uns auf unsere Seele zu besinnen in dem seelenlosen Zeitalter, in dem wir leben. Wir versenken uns in unser Inneres, während der Fisch nach dem Würmchen schnappt. Suum quique – jedem das Seine. Aber der Geist dieses Zeitalters, dessen Vorzügen wir uns nicht entziehen wollen, lehrt uns den Gemeinschaftsbegriff hochhalten und hat uns Fischer zum Zusammenschluss getrieben. So entstand der DAFV, der Deutsche Amateur-Fischer-Verband, dem die Honoratioren und geistigen Führer von Seebrücken angehören.

Die Herren verneigen sich.

SCHULRATS STIMME Er wächst mit jedem Tage. Er wächst, weil seine Basis gesund ist. Diesen Verein über die Grenzen unseres Städtchens zu erweitern, ist die erhabene Aufgabe, die wir uns gestellt haben. Das würde bedeuten: Volksgesundung durch die vitaminreiche Fischkost, die billig und für jeden erschwinglich ist und eine gesellschaftliche Gesundung durch die Wiederherstellung des Kontaktes mit der Natur. Das heißt: Innere Genesung für jeden.

OBERFÖRSTER Für alle, hab ich.

APOTHEKER Es wird alles so oft gesagt, dass man es behalten muss, ob man will oder nicht.

FRÄULEIN AGNES Ruhe, Sie bringen ihn ja ganz heraus!

APOTHEKER Er ist ja fertig, es ist ja schon aus.

SCHULRATS STIMME Und nun ist es gelungen, durch einen großzügigen Plan …

OBERFÖRSTER Das hab ich ja nicht. Haben Sie das?

SCHULRATS STIMME … unseren Verein in den Mittelpunkt des wirtschaftlichen Interesses zu stellen.

STADTRAT Was redet er denn da?

SCHULRATS STIMME Es handelt sich um die Verwandlung der fischreichen Teiche von Seebrücken in Karpfen-Brutteiche.

Maßlose Empörung und Erregung, sodass die Stimme des Schulrats vollkommen unverständlich bleibt.

OBERFÖRSTER Das ist eine Infamie!
STADTRAT Eine Eigenmächtigkeit!
APOTHEKER Dazu waren Sie nicht berechtigt, Adam.
ADAM Ich weiß davon nichts! Ich geb Ihnen mein Ehrenwort, ich hatte davon keine Ahnung.
OBERFÖRSTER Schluss! Abstellen!
FRÄULEIN AGNES Ruhe! Ich verstehe ja kein Wort!

Oberförster ist wütend auf das Radio losgelaufen, aus dem die Stimme des Schulrats tönt.

SCHULRATS STIMME Die Verbilligung der heilbringenden Fischnahrung wäre die unmittelbare Folge.
STADTRAT *zum Oberförster* Dann hören ja nur wir nichts!

Oberförster lässt vom Radio ab.

SCHULRATS STIMME Und Wohlstand und Hebung der Heimindustrie. Die wirtschaftlichen und ideellen Werte, die dadurch unserem schwergeprüften Volke zugefügt würden, sind gar nicht abzusehen.
ANSAGER Meine Damen und Herren, Sie hörten den Vortrag von Schulrat Wittibtöter aus Seebrücken, »Mensch und Fisch«. Wir senden anschließend Unterhaltungsmusik.

Grenzenlose Empörung.

OBERFÖRSTER Da hört sich einfach alles auf!

APOTHEKER Ohne uns ein Wort zu sagen!
ADAM Ich versichere Ihnen, meine Herren …
OBERFÖRSTER Er kommt doch noch hierher?
FRÄULEIN AGNES Er wird in einer halben Stunde zu Hause sein, sich umziehen und direkt hierherkommen.
OBERFÖRSTER Dann sagen Sie ihm, sagen Sie ihm …
ANSAGER IM RADIO Ich hab dich einmal geküsst – ich hab dich zweimal geküsst … Tango von …

Wütend stellt der Oberförster das Radio ab.

OBERFÖRSTER Er braucht sich gar nicht umzuziehen, ehe er herkommt.
FRÄULEIN AGNES Ich kann Ihnen nicht sagen, wie Sie mir vorkommen. Für Rindvieh hab ich einmal 20 Mark zahlen müssen. *Majestätisch ab.*
OBERFÖRSTER Ich muss an die Luft, sonst passiert was! *Er läuft hinaus.*
STADTRAT Es ist unerklärlich. Wittibtöter ist doch sonst so loyal. Na, denn vorläufig auf Wiedersehen! *Ab.*
APOTHEKER Da steckt was dahinter.
ADAM Sie kennen mich als Ehrenmann, Herr Apotheker! Wenn ich Ihnen versichere …
APOTHEKER Ist ja erledigt, Herr Adam. Aber unerklärlich bleibt die Sache.
FRAU APOTHEKER Dann gehen wir jetzt Kaffee trinken, da wirst du dich beruhigen.
APOTHEKER Kaffee regt auf.
FRAU APOTHEKER Nicht, wenn man keine Bohnen nimmt.
APOTHEKER Ist vielleicht wirklich das Beste.
ADAM *zum Apotheker* Ich wollte Sie übrigens bitten, Herr Apotheker, dass Sie heut Abend den künftigen

Herrn Schwiegersohn als Vertreter der Fleischerinnung mitbringen.

APOTHEKER Aber wozu denn, Herr Adam?

ADAM Es wäre doch sehr zweckmäßig, wenn die großen Metzgereien zunächst auch den Fischverkauf übernehmen würden. Vielleicht interessiert ihn das?

APOTHEKER Ausgezeichnet! Großartig! Ich hab immer gesagt, Sie sind ein Kopf.

Er und seine Frau ab. Das Büfett hat sich jetzt völlig geleert.

FRAU ADAM *zu Eva* Räumen Sie weg, dass Ordnung ist, wenn die Herren wiederkommen. Oder müssen Sie wieder spazieren gehen?

EVA Nein, Frau Adam, jetzt bleibe ich da.

Sie wischt die Tische ab und stellt die Stühle ordentlich zurecht. Pankraz sieht ihr zu, ohne sich zu rühren. Sie kommt mit dem Wischtuch in unmittelbare Nähe seines Fußes.

EVA Können Sie nicht den Fuß heben?

PANKRAZ Kann ich, Fräulein.

Er hebt das Bein so, dass es ihr beim Wischen im Wege ist. Darauf kippt sie den Eimer so, dass ein Strahl schmutzigen Wassers in seinen Stiefel dringt.

EVA Entschuldigen Sie, Herr Pankraz.

PANKRAZ *unterdrückt einen Fluch, zieht das Taschentuch heraus und wischt sein Bein ab* Ich wollte Ihnen übrigens einen Zeitungsartikel zeigen. Ich werde ihn holen gehen. *Er geht hinaus.*

ADAM Es ist ja eigentlich großartig, Eva, verstehen Sie, großartig.

Eva, gebückt, wischt vor ihm den Boden auf.

ADAM Das müssen Sie doch nicht machen.

FRAU ADAM Wer denn sonst? Vielleicht ich?

ADAM *bückt sich, sodass beide mit den Köpfen zusammenstoßen* Eva, verstehen Sie, was in den Schulrat gefahren ist?

EVA O ja, Herr Adam. *Sie geht, ehe er eine andere Frage stellen kann, mit dem Eimer hinaus.*

ADAM Sie … Eva, Sie wissen –?

Eva geht in das kleine Zimmer, wo sie Biergläser abnimmt. Adam will ihr folgen, unterlässt es aber dann.

PANKRAZ *taucht lautlos wie immer hinter Eva auf* Hier, Fräulein Eva, vielleicht interessiert Sie das?

EVA Ich hab keine Zeit.

PANKRAZ Ich kann es Ihnen auch vorlesen: Willibald Boxer. An die tote Geliebte, Klammer, Anlässlich des Liebesfreitodes meiner unvergesslichen Freundin Eva K.

Hab ich dich mit meinem Lieben
Durch das dunkle Tor getrieben,
Sprich!
Ach, was nützen alle Klagen,
Wenn sie dich zu Grabe tragen,
Schuld bin ich.
Hart und eisern ist mein Wesen.
Anstatt daran zu genesen,
Brachst du dran.
Denn mein Blut ist das der Steine,
Wenn ich auch in Winkeln weine,
Bleib ich Mann.

Sie haben das Bierglas fallen lassen, Fräulein Eva.

EVA Danke, Herr Pankraz, Sie können vielleicht gleich mit der Zeitung das Bier vom Boden wegwischen.

Sie geht hinaus und lässt Pankraz verblüfft stehen. Eva geht ins Büfett zurück. Adam eilt auf sie zu.

FRAU ADAM Sie glauben wohl, wir kriegen die Biergläser geschenkt.

Frau Adam verschwindet nach hinten zum Automatenfüller.

ADAM Eva, was haben Sie dem Schulrat gesagt?

EVA Er war doch so begeistert von der Idee mit dem Teich. Da hab ich ihm vorgeschlagen, er soll doch als Überraschung gleich im Vortrag davon erzählen.

ADAM Eva, Sie sind ein merkwürdiges Geschöpf. Woher kommt diese Macht, die Sie über alle haben?

EVA Nicht über alle, Herr Adam.

ADAM Seit Sie hier sind, ist ein anderes Leben bei uns. Die Menschen sehen anders aus, sprechen anders, alles hat einen Zug und Bewegung. Weiß Gott, auch das Bier schäumt anders als vorher.

PANKRAZ *ist dazugetreten* Der Dichter, von dem wir vorhin gesprochen haben, ist übrigens heute hier in der Stadt.

EVA *erschrocken* Hier? *Dann ruhig.* Ihre Geschichten interessieren mich nicht, Herr Pankraz.

PANKRAZ Ich dachte.

FRAU ADAM *kommt nach vorn* Vier Bleiknöpfe sind wieder im Automaten. Was soll ich bloß tun? Ich weiß mir keinen Rat mehr.

PANKRAZ Man muss sich mit Geduld wappnen, Frau Adam, wie mit einem Panzer.

OBERFÖRSTER *kommt, noch immer wutschnaubend, ins Büfett* Ist er da?

ADAM Er kann ja noch gar nicht da sein, Herr Oberförster.

OBERFÖRSTER Ich hab mir das jetzt überlegt, ich bin jetzt ganz ruhig. Ganz ruhig bin ich. Und wenn er kommt, werde ich ihm sagen – *Er packt Adam, als wäre er der Schulrat, und fängt an, ihn mit seinen riesigen Fäusten hin und her zu schütteln.* Sie sind ein Lump, werde ich ihm sagen; in der niederträchtigsten Weise haben Sie Ihr Amt missbraucht. Direkt gemeingefährlich sind Sie, ins Zuchthaus müssten Sie kommen.

Adam versucht, sich freizumachen.

ADAM Ich kann es mir jetzt beiläufig vorstellen, Herr Oberförster.

EVA Vielleicht ruhen Sie sich etwas aus, Herr Oberförster.

OBERFÖRSTER Bringen Sie mir zwei große Helle!

Eva geht an die Theke und füllt die Gläser.

OBERFÖRSTER Ein Jammer, dass man so was nicht einfach über den Haufen schießen kann!

Eva trägt die Gläser in das kleine Zimmer.

EVA Ich stell das Bier hier hinein. Da ist es ruhiger.

OBERFÖRSTER Meinetwegen.

PANKRAZ *zu Eva* Sie sind wohl hier als Animiermädchen.

EVA Sie hab ich noch zu nichts animiert, Herr Pankraz.

PANKRAZ Was haben Sie eigentlich gegen mich? Ihretwegen schlafe ich jede Nacht auf dem Billardtisch.

EVA Lassen Sie mich vorbei, ich hab keine Zeit.

PANKRAZ Auch gut. *Er geht durch das Büfett, nimmt seinen Hut vom Haken.*

FRAU ADAM Wohin gehen Sie, Herr Pankraz?

PANKRAZ Ich hab noch was zu erledigen.

FRAU ADAM Ich setz mich jetzt hinter den Harzer Automaten, bis ich ihn erwisch.

PANKRAZ Sehr gut, Frau Adam.

Eva sitzt im kleinen Zimmer, der Oberförster ihr gegenüber, Adam geht als Wache im Büfett auf und ab.

OBERFÖRSTER *irritiert* Warum sehen Sie mich denn immerfort so an.

EVA Sie gefallen mir, wenn Sie so wütend sind. Sie haben dann so was Drohendes wie … wie heißt er bloß? Wotan?

OBERFÖRSTER Mein Dackel?

EVA Nein, der Gott.

OBERFÖRSTER So, der Gott? Das macht der Bart.

EVA Nein, der Ausdruck, auch die Augen.

Oberförster trinkt.

EVA Hier ist das Zweite. *Stellt ihm das Bierglas hin.* Es schäumt genauso wie Sie.

OBERFÖRSTER Sie haben's faustdick hinter den Ohren.

EVA *greift hin* O nein, das ist das Haar.

OBERFÖRSTER *lachend* Kann ich auch mal hinfassen?

EVA Mit einem Finger.

Oberförster fährt mit dem Finger hinter ihr Ohr.

EVA Das kitzelt sehr.

OBERFÖRSTER Sind Sie überhaupt kitzlig?

EVA Nur manchmal.

OBERFÖRSTER Heute zum Beispiel?

EVA Sagen Sie, Herr Oberförster, warum sind Sie eigentlich so wütend auf den Schulrat?

OBERFÖRSTER *wieder schäumend vor Zorn* Warum ich ... der kann was erleben! Das verstehen Sie überhaupt gar nicht.

EVA Schade.

OBERFÖRSTER Was denn?

EVA Ich hatte mir das so schön gedacht, die fünf Teiche.

Oberförster gurgelt vor Wut, aber Eva spricht ruhig weiter.

EVA Wenn Sie der Teichwirt wären, dann könnten Sie ja viel mehr Geld verdienen als jetzt.

OBERFÖRSTER Ach, das Geld, das kann mir gestohlen werden.

EVA Dazu muss man's erst haben, Herr Oberförster.

OBERFÖRSTER Die Fischlizenzen bringen genug ein. Lärm und Getue kann ich nicht brauchen, stört mich nur und vertreibt mir das Wild.

EVA Karpfen sind doch ruhige Tiere. *Pause.* Sie haben eine herrliche Schweinezucht.

OBERFÖRSTER *eifrig* Haben Sie den letzten Wurf gesehen? Zehn Ferkel, zwei Schwarzgefleckte drunter.

EVA Herrlich! Wenn ich Sie wäre, Herr Oberförster, würde ich kreuz und quer Schweine züchten, rosa, schwarze und weiße, und mir Zuchttiere kommen lassen aus Schottland und aus Kalifornien.

OBERFÖRSTER Das kostet viel Geld.

EVA Das würden Sie ja haben.

OBERFÖRSTER Wieso?

EVA Wenn Sie eine Abfindung für die Pacht verlangen, können Sie doch die herrlichsten Schweine kaufen, die es gibt.

OBERFÖRSTER *wieder heftig* Sie versauen mir den Wald.

EVA Da dürfen die Schweine doch nicht hin.

OBERFÖRSTER Das sag ich ja.

EVA Die sind doch im Kotter und auf der Viehwiese.

OBERFÖRSTER Ach, die meinen Sie.

EVA Ich hab so furchtbar gern kleine Schweine. Fünfhundert kleine Schweine, wenn die alle zugleich quieken!

OBERFÖRSTER Fünfhundert? Na, Sie gehen aufs Ganze.

EVA Und dann ist es doch auch wegen der Idee. Sie haben doch gehört.

OBERFÖRSTER Aber ich hab doch gesagt, ich bin dagegen, und ein Mann steht zu seinem Wort.

EVA Ich hab einen Bekannten gehabt, einen Dichter, der hat immer gesagt, es ist ehrenvoller, einen Irrtum zuzugeben als weiterzuführen. Er verkauft auch Staubsauger.

OBERFÖRSTER Meinen Sie?

EVA *nickt eifrig mit dem Kopf* Natürlich, ich bin doch nur eine Frau. Ich verstehe nichts von Männersachen.

OBERFÖRSTER Ist auch nichts für Weiber. Sollen die Nase in die Kochtöpfe stecken. Am Herd und im Bett, kleines Fräulein, ist Ihr Platz.

EVA Brenzlige Sachen, Herr Oberförster.

OBERFÖRSTER *lachend* Sie sind ein kleiner Teufel. Rasse bis in die Fingerspitzen. Davon verstehe ich was.

EVA Von den Zuchtsäuen.

Oberförster ist aufgesprungen, versucht sie zu umarmen, sie entwindet sich ihm.

Während der Szene ist Arendt ins Büfett eingetreten und hat gerufen.

ARENDT Fräulein Eva!

Aber Adam hat ihn sofort auf einen Platz geschoben.

ADAM Nehmen Sie Platz, Herr Arendt. Trinken wir ein Glas Bier miteinander!

Er und Arendt beugen sich über einen Artikel in einem leisen Gespräch.

EVA Sammeln Sie sich jetzt, Herr Oberförster. Zu viel Hitze im Blut.

OBERFÖRSTER Wann kommen Sie mal zu mir?

EVA Wenn Ihre Prachtsau einen ausländischen Bräutigam bekommt, werde ich Brautjungfer! *Sie läuft lachend hinaus.*

STADTRAT *kommt von draußen lebhaft auf Adam losgestürzt* Ich hab den Bürgermeister gesprochen. Er hat den Vortrag gehört, er war einfach weg. Eine neue Ära bricht an für Seebrücken, hat er gesagt. Und er wird das Projekt weitgehendst unterstützen.

ADAM Das ist eine Nachricht, Herr Stadtrat!

STADTRAT So was hat er schon immer gesucht, sagt er. Etwas, was über dem Parteigewühl steht. Rechts und links müssen sich in diesem Brutteich begegnen, so sind seine eigenen Worte. Ich hab ihm gesagt, dass ich mich von Anfang an sehr für den Plan eingesetzt habe.

ARENDT Ja, aber Sie waren doch ausgesprochen dagegen.

STADTRAT Ich bin ein vorsichtiger Mensch. Ich fliege nicht auf jede Sensation, ohne sie zu prüfen.

Eva tritt zu ihnen, das Interesse wendet sich ihr sofort zu.

ADAM *fasst ihre Hand* Eva, der Bürgermeister ist begeistert!

OBERFÖRSTER *kommt wohlgelaunt aus dem kleinen Zimmer* Schieben wir 'ne Partie Kegel, bis der Schulrat kommt?

ADAM *erstaunt* Kegeln wollen Sie …

OBERFÖRSTER Warum nicht? Beruhigt die Gemüter und vertreibt die Zeit.

ADAM Gern, Herr Oberförster.

OBERFÖRSTER *zu Puttgam, der mit den übrigen Herren ins Büfett zurückgekommen ist* Kommen Sie, Puttgam; Sie werden gebraucht.

Die Herren gehen ins Billardzimmer; Stadtrat bleibt absichtlich zögernd zurück.

STADTRAT Eva, sind Sie zufrieden mit mir?

EVA Sehr, Herr Stadtrat.

STADTRAT Und was bekomm ich?

ARENDT *kommt zurück* Der Oberförster schmeißt eine Runde, Fräulein Eva.

STADTRAT *legt die Hand um Evas Taille* Sei'n Sie doch ein bisschen lieb!

EVA Mit vier Biergläsern in der Hand kann kein Mensch lieb sein, Herr Stadtrat.

Auch er geht ins Nebenzimmer. Das Büfett ist einen Augenblick völlig leer. – Von draußen kommen Pankraz und Willibald Boxer. Dieser ist ausgesucht elegant und geschniegelt.

Ein sorgfältiger Scheitel teilt sein lackglattes Haar. Er verbreitet eine Atmosphäre von Pomade und Selbstgefühl.

BOXER Also, hier ist das berühmte Lokal, ganz nett soweit.

PANKRAZ Treten Sie nur näher, Herr Boxer. Der Betrieb bietet Ihnen vielleicht manches Interessante. Sie sehen, er ist ganz modern eingerichtet.

BOXER Ich bin ein moderner Mensch durch und durch. Darum reise ich in Staubsaugern, Type Don Juan. Das vereinigt sich vorzüglich mit meinem eigentlichen Beruf. Ich bin Lyriker und Spezialist der Frauenseele. Diese Kenntnisse stelle ich meiner Firma zur Verfügung. Der Erfolg spricht für mich und gegen die sture Geschwätzigkeit meiner Kollegen. Ich sehe eine Frau, ich sehe sie von oben bis unten und durch und durch. Ich spüre, dort ist der Punkt, wo du anhakst; ich lasse ihr innerstes Wesen vibrieren, und sie kauft einen Don Juan auf Raten.

PANKRAZ Das müssen Sie uns mal bei Frau Adam vormachen.

BOXER In der heutigen Zeit ist ein Dachstubenpoet eine lächerliche Figur. Heute muss der Dichter mitten im Leben stehen. Bildlich gesprochen, an seinen Brüsten trinken.

PANKRAZ *auf den Staubsauger weisend* In diesem Falle saugen.

In diesem Augenblick kommt Eva zurück, beide erschrecken furchtbar und prallen zurück. Pankraz betrachtet die Szene mit gierigem Interesse.

BOXER Du … lebst?

EVA Wie kommst du hierher?

FRAU ADAMS STIMME Herr Pankraz, die Reißnägel sind in den italienischen Salat gefallen. Helfen Sie mir, sie rauszusuchen.

Pankraz geht widerstrebend, besonders langsam nach hinten, Boxer und Eva stehen stumm und starren sich an.

EVA Man hat mich gerettet.

BOXER Und das teilst du mir nicht wenigstens auf einer Postkarte mit.

EVA Ich hab mir gedacht, dass du darüber wegkommen wirst.

BOXER Ich habe eine Nacht geweint. Fünf Tage habe ich keine Frau berührt. Du hast nie Verständnis für mich gehabt.

EVA Ich hab es ja auch eingesehen, Boxer.

BOXER Ich mache mich für alle Zeiten lächerlich, wenn ich jetzt wieder mit dir zurückkomme. Auch deine Tante Marie, die trägt einen Schleier bis zu den Knien, die Ärmste, eine Blamage ist das, wie es einfach keine zweite …

EVA Ich geh ja gar nicht mit dir zurück.

BOXER Du gehst nicht? Was treibst du überhaupt hier? Was sind das für Leute? Was hast du für Umgang? Das passt mir alles nicht. Du musst doch zugeben, dass es gewisse Verpflichtungen mit sich bringt, W. Boxers Geliebte zu sein.

EVA Ich bin nicht mehr deine Geliebte.

Ein Passant ist ins Büfett getreten und isst ein Brötchen, betrachtet neugierig die Szene.

BOXER *im Ton des Agenten* Der Don Juan hat den Vorteil, dass er leicht transportabel und vollkommen zerlegbar ist und von jedem gereinigt werden kann. Die Zahlungserleichterungen, die meine Firma …

Der Mann hat das Büfett wieder verlassen. Boxer packt Evas Hände und presst sie, sodass es ihr Schmerz bereitet.

BOXER In was für einem Ton sprichst du denn mit mir, hm?

EVA Lass mich los!

BOXER Sieh mich an! Sieh mich an, du Luder! Mit wem wälzt du dich im Bett herum?

EVA Du tust mir weh.

BOXER Ob ich dich will oder nicht – mir gehörst du, verstehst du! Was ich auch tue, du hast zu kuschen.

EVA Damit ist es vorbei.

BOXER Eva, wie wir zusammen waren, im Fürstenzimmer vom Goldenen Bock, wie du geweint hast, wie du dich festgehalten hast am Bettpfosten, hast du das vergessen?

EVA Nimm deinen Staubsauger und geh!

BOXER Du wirfst mich hinaus, du … du Wanze, du Stück Lehm in meiner Hand, du …

EVA Du hast mich geprügelt und dann gedichtet. Du hast gesagt, du bist mein Herr, und ich habe es geglaubt, weil du mich geprügelt hast. Mir war sehr ekelhaft vor dir, aber ich hab geglaubt, es muss so sein; und ich hab auch geglaubt, dass ich dich liebe.

BOXER Du bist aus Liebe zu mir ins Wasser gegangen. Oder willst du das leugnen?

EVA Bloß weil mir so ekelhaft war.

BOXER Du bist meine Kreatur; und du lässt jetzt die Faxen. Du verstellst dich schlecht.

EVA Ich verstell mich gar nicht.

BOXER Dann ist es ein anderer. So was wie du, das lebt nur von Mann zu Mann. Das lässt nicht los, bis es was andres hat. Ist es der Kerl, der mich hierhergeholt hat? Der mir erzählt hat, es wäre so ein sehenswertes Lokal und glänzende Verkaufsmöglichkeiten?

EVA *verächtlich* Pankraz.

BOXER Antworte!

STIMMEN *von nebenan* Eva! Eva!

Boxer hält sie brutal fest.

ADAM *öffnet die Tür* Eva, Sie sollen …

Boxer lässt jetzt erst Evas Hände los. Eine Röte der Wut steigt in Adams Stirn.

ADAM Was treiben Sie denn hier?

EVA Herr Adam, das ist Herr Boxer. Er wollte uns einen Staubsauger verkaufen, Type Don Juan. Ich habe ihm gesagt, wir brauchen keinen … Staubsauger.

ADAM Darum braucht der Kerl Sie nicht so anzupacken.

EVA Er ist eine Künstlernatur. Es geht manchmal was durch mit ihm, Herr Adam.

ADAM Herr Boxer, in einer Viertelstunde geht der Abendzug vom Bahnhof ab. Wenn Sie sich beeilen, können Sie ihn noch erreichen.

BOXER Sehr freundlich von Ihnen, Herr Abraham …

ADAM Adam.

BOXER Herr Adam –, dass Sie mich darauf aufmerksam machen. Ich habe heute so noch in Hamburg zu tun. In solchen Dörfern vertut man nur seine Zeit. Gnädiges Fräulein werden noch von mir hören.

Mit Grandezza verlässt er das Büfett. Kaufmann, Apotheker und Selcher laufen gerade in ihn hinein.

APOTHEKER Na, nur nicht so hastig, junger Mann, guten Abend! Da bring ich Ihnen meinen Herrn Schwiegersohn. Brennt natürlich auf Ihre Pläne, Herr Adam.

SELCHER Unsere Stadt kann stolz sein, Sie als Mitbürger zu haben, Herr Adam.

ADAM Man tut nur seine Pflicht.

KAUFMANN *leise* Hat sich der Oberförster beruhigt? Der Schulrat ist nämlich zurück.

ADAM Sie spielen drin Kegel. Vorläufig gewinnt er; aber …

SCHULRAT *kommt herein, aufgeräumt und unsicher* Guten Abend, Gesinnungsfreunde!

ADAM Willkommen, Herr Schulrat, und die herzlichsten Glückwünsche!

APOTHEKER Gratuliere, Sie haben sich selbst übertroffen, Herr Schulrat Wittibtöter!

PANKRAZ *öffnet die Tür zum Nebenzimmer und ruft* Der Schulrat ist da.

Das Geräusch des Kegelspiels verstummt. Sekundenlanges Schweigen.
Oberförster, eine Kegelkugel in der Hand, tritt ins Zimmer, alle Blicke hängen an ihm; Adam macht einen Schritt, um sich zwischen Oberförster und Schulrat zu stellen, da der Oberförster die Kugel so hebt, als wollte er sie Wittibtöter an den Kopf schmettern. Stattdessen streckt der Oberförster ihm die Hand hin.

OBERFÖRSTER Starkes Stück war das, Wittibtöter, ein Husarenstück, aber gelungen.

SCHULRAT Manchmal überkommt einen so was wie eine höhere Eingebung.

STADTRAT Der Bürgermeister war begeistert.

SCHULRAT Ja, ich muss mich natürlich entschuldigen.

ARENDT Ja, was gibt's denn da zu entschuldigen?

SCHULRAT Na, es war doch eine Eigenmächtigkeit.

APOTHEKER Wenn ich einem kranken Pferd Medizin ins Maul gieße, so ist das auch eigenmächtig. Aber gesund wird das Vieh, und das ist die Hauptsache.

ARENDT Gut gegeben.

SCHULRAT Wie viel Fässer Wein sind da, Frau Adam?

FRAU ADAM Fünf, Herr Schulrat.

SCHULRAT Das wird langen. Alle sind meine Gäste.

ADAM Und meine, Herr Schulrat.

FRAU ADAM Lass dem Herrn Schulrat den Vortritt, wo du doch der Hausherr bist.

ADAM Dann hol ich den Mosel aus dem Keller. *Er zündet eine Lampe an, hebt eine Planke im Boden hoch und steigt in den Keller.*

OBERFÖRSTER Aber die Kegelpartie geht weiter. Das lass ich mir nicht nehmen.

APOTHEKER Nimmt Ihnen ja auch keiner, Herr Oberförster, solang uns unsere holde Hebe mit Bier versorgt.

Lachend, in bester Laune gehen die Herren nach rechts ab.

PANKRAZ Haben Sie sich gut mit Herrn Boxer unterhalten?

Eva antwortet nicht und gibt ihm eine kräftige Ohrfeige.

PANKRAZ *hält sich die Backe, wütend* Das ist schon die Zweite.

FRAU ADAM Da hört sich doch Verschiedenes auf. Diese schamlose Person, diese hergelaufene! Wir haben ja jedes Wort gehört, da drin. Blutrot bin ich geworden, so hab ich mich geschämt.

EVA Warum haben Sie dann so genau zugehört?

FRAU ADAM Weil die Wand dünn ist, und weil man wissen muss, wen man im Haus hat. Aber jetzt ist meine Geduld zu Ende. So was passt nicht unter mein Dach.

STADTRAT *kommt herein* Was ist denn mit dem Bier, Fräulein Eva, wir verschmachten.

ADAM *taucht von unten auf* Nehmen Sie mir die Flaschen ab, Pankraz.

Pankraz geht mit der Hand an der Backe zur Kellerluke.

EVA Soll ich gehen, Frau Adam?

FRAU ADAM Da gehen Sie schon rein mit den Gläsern.

STADTRAT Kann ich Ihnen behilflich sein?

Stadtrat, Eva, Adam und Pankraz gehen flaschen- und gläserbeladen hintereinander hinaus. Die Bühne dreht sich durch das Billardzimmer in die Kegelbahn. – Alles ist in Hemdsärmeln, erregt, betrunken. Puttgam bückt sich immer wieder nach den Kegelkugeln. Schulrat kommt Adam entgegen.

SCHULRAT 1911er, Donnerwetter, Adam!

Eva schenkt allen ein. Im Hintergrund geht die Partie zwischen Oberförster und Adam weiter. Apotheker zieht Puttgam nach vorn, während Pankraz nach hinten geht, um die Kugeln aufzuheben.

APOTHEKER Puttgam, können Sie noch weitertrinken?

PUTTGAM Immer, Herr Apotheker.

SCHULRAT Ein zweiter Sokrates.

APOTHEKER Setzen Sie sich mal hin, Puttgam! Wenn wir zahlen, dann trinken Sie, bis Sie platzen, was?

PUTTGAM Gewiss, Herr Apotheker.
APOTHEKER Also, setzen, Mund auf, Augen zu.

Er und der Schulrat gießen Puttgam Bier in den Mund.

APOTHEKER Hören Sie mal gut zu, Evchen. Na, Puttgam, was halten Sie von der Liebe?
SCHULRAT Zuhören, Fräulein Eva, die Ohren spitzen!
PUTTGAM Mit der Liebe ist das so wie in einem Automatenbüfett. Lust hat man auf Hummer für dreißig, und am ersten Tag geht man vielleicht heraus, wenn keiner da ist. Am nächsten Tag ist man schon bereit zu Gänseleberpastete für zwanzig, und am dritten isst man Harzer Käse für zehn.
APOTHEKER *zu Eva* Hörst du, du Hummer für dreißig!?
PUTTGAM Wenn man einem Kanarienvogel, der 8 Tage im Käfig ist, den Finger hinhält, treibt er's mit dem Finger. Und beim Menschen ist es geradeso.
OBERFÖRSTER Na, Puttgam, was ist mit den Kugeln?
APOTHEKER Ausgeschlossen, Herr Oberförster. Der kommt nicht mehr hoch.

Puttgam macht einen Versuch aufzustehen und setzt sich dann neben den Sessel auf den Boden. Adam schiebt alle Neune.

RUFE Alle Neune! Hoch Adam!
DER JUNGE SELCHER Sie sind ein Führer!
RUFE Adam soll leben! Auf den Tisch stellen!

Man hebt ihn auf den einen und Eva auf den anderen Tisch.

ADAM Meine Herren, ich habe ja nichts geleistet.
ZWISCHENRUFE Oho!

ADAM Ich habe eine Idee gehabt, sonst gar nichts.

RUFE Er soll leben!

APOTHEKER Und Eva soll leben, die Zauberin, die uns alle verrückt macht!

Sie trinken.

SCHULRAT Man muss doch mal auch den Kragen aufmachen und den Menschen anziehen!

STADTRAT Menschlich muss man sein zu jedem. Man darf nie vergessen, dass in jedem Menschen ein Wähler schlummert.

ARENDT *streichelt Evas Füße, melancholisch* Man möchte nur sein bisschen Platz im Leben halten, aber da kommt es von irgendwo, kann sein aus der Mandschurei, und verhagelt einem sein bisschen Leben, und dabei weiß man gar nicht mal, wo die Mandschurei liegt.

APOTHEKER Singen, Eva! Tanzen, Eva!

KAUFMANN Ich lass die Jägerwäsche ausgehen, ich kaufe alle Netze auf. Es lebe der Wohlstand von Seebrücken! Tanzen, Eva! Singen!

EVA *müde, betrunken, kindlich* Jetzt sehen sie schon aus wie eine Hammelherde im Nebel. Einmal waren sie ganz klein, haben rechts und links von der Nase ein wunderbares blaues Auge gehabt. Angst muss man wirklich vor keinem haben. *Sie trinkt Adam zu.* Prost, Herr Leopold!

APOTHEKER Total betrunken! Süß!

EVA *ganz gelöst und fröhlich, beginnt zu singen*
Es hat kein Kaiser mich zum Weib gewollt,
Keiner schenkte mir einen Sack voll Gold,
Keiner legt in die Hände mir sein Gesicht,
Und der Apfelbaum blüht auch noch nicht, –

Und doch bin ich so –
Wunderbar froh!
Freude hat keinen Grund,
Liebe hat keinen Lohn,
Man fängt sie aus der Luft
Wie einen blauen Luftballon.

Alle singen den Refrain mit, umarmen sie, greifen nach ihr.

EVA *immer fröhlicher*
Meine Kuh, die hat kein Kälbchen gekriegt,
Und mein Liebster hat keinen Brief geschickt,
Keiner gab mir ein Glas mit goldenem Wein,
Keiner nahm meine Hand und schenkte mir ein, –
Und doch bin ich so –
Wunderbar froh!
Freude hat keinen Grund,
Liebe hat keinen Lohn,
Man fängt sie aus der Luft
Wie einen blauen Luftballon.

Alle singen, wiegen sich in den Hüften.

EVA *ganz leise und schläfrig zu Adam* Es hat sich vielleicht doch gelohnt.

ADAM *ist vom Tisch gestiegen; er ist der Einzige, der zwar fröhlicher Laune, aber nicht betrunken ist. Zu Eva.* Sie sollen leben! Es ist alles anders, seit Sie da sind. Und die Idee wird siegen. Was wir jetzt noch brauchen, ist nur das Geld. Das spielt keine Rolle. Und wenn ich's mir aus den Rippen schneiden soll, – es wird da sein. Auf den Weidenteich, auf die Weltstadt Seebrücken!

Eva ist mitten auf dem Tisch unter allen Gläsern eingeschlafen, Adam will mit ihr anstoßen.

ADAM Sie schläft.

Er nimmt sie auf den Arm, trägt sie durch das Zimmer, alle heben die Gläser. Rufe: »Hoch Adam! Hoch Eva!« Es entsteht ein Augenblick vollkommener Stille, in der nur das Geräusch des Trinkens hörbar ist.

PUTTGAM *tieftraurig von der Erde her* Ich wollte, ich wäre zwei kleine Hunde und könnte miteinander spielen.

DRITTER AKT

Morgengrauen im Schlafzimmer der Adams. Es ist fahles Frühlicht, Frau Adam sitzt auf dem Bett und zieht sich ihre Strümpfe an.

ADAM Musst du denn schon aufstehen?

FRAU ADAM Heute ist doch eine Menge zu tun.

ADAM Clementine, ich muss heute das Geld haben; der Bürgermeister hat ein anderes Projekt, wenn das durchgeht, ist meines erledigt. Du weißt doch, ich hab mir die Füße abgelaufen in den letzten Tagen; keiner hat Geld, oder keiner will heraus damit. Das ganze Projekt geht zugrunde; ich bin lächerlich gemacht für alle Zeiten. Wir können doch eine Hypothek auf das Büfett aufnehmen.

FRAU ADAM Auf das Büfett wird keine Hypothek aufgenommen.

ADAM Das Geld wird sich zu hundert Prozent verzinsen, Clementine. Und wenn erst eine Summe eingezahlt ist, so kommen die anderen mit dem Geld nach. So denken sie, dass ich selbst nicht an den Erfolg glaube.

Frau Adam schweigt und zieht den zweiten Strumpf an.

ADAM Clementine, du bist doch meine Frau.

FRAU ADAM Auf einmal. Sonst weißt du's schon lange nicht. Wie eine Witwe hab ich gelebt neben dir. Eine Witwe mit einem lebendigen Mann.

ADAM Wir sind doch nicht mehr so jung, Clementine.

FRAU ADAM Vielleicht du, ich bin jung, wenn ich auch acht Jahre älter bin als du. Höchstens 35 werde ich geschätzt. Aufs Gefühl kommt es an, und da bin ich jung.

ADAM Du musst mir jetzt helfen, und wir werden auch reich dabei.

FRAU ADAM *ohne ihm zuzuhören* Der Thomas, der holt jeden Tag für seine Frau für 30 Pfennige Lachsbrote. Dabei ist die Frau auch so eine Dünne, wie eine Gräte. Mir hat noch kein Mensch was geschenkt, nicht einmal Harzer Käse. Ich sag ja, die Dünnen zieh'n Blut.

ADAM Clementine, kann sein, dass nicht alles richtig war zwischen uns. Man hat nebeneinander hingelebt; die meisten andern machen's auch nicht besser. Es handelt sich ja nicht um mich. Ich würde nicht betteln, Clementine. Es handelt sich doch um meine Idee.

FRAU ADAM Deine Idee, was ist denn das überhaupt? Wenn du kein Geld hast, hast du keine Idee.

ADAM Du riskierst doch nichts. Es wird doch ein glänzendes Geschäft.

FRAU ADAM *auf das Bild ihres Vaters über ihrem Bett deutend* Der da, der hat gesagt, ich bin kein Wucherer, ich bin ein Handwerker. Lege einen Groschen zum anderen, dann wird es mehr. Spekuliere, dann kannst du alles verlieren. So hat er das Geld zusammengekratzt und dabei bleibt es, und davon wird nichts vertan. So einer wie du, der nie gearbeitet hat, der weiß auch nicht, was Geld ist.

ADAM Es sind andere Zeiten, Clementine. Was dein Vater gesagt hat …

FRAU ADAM Wir brauchen nichts weiter zu reden, Adam. Mir gehört das Geld. Meines ist es, und ich geb es nicht her.

Adam schweigt.

FRAU ADAM *geheimnisvoll* Wenn du mich umbringst, Adam – es ist schon alles Mögliche vorgekommen, –

in Hamburg hat einer seiner Frau in der Nacht die Gurgel zugedrückt, und in Berlin hat ein Postbeamter seine Gattin Emma mit der Hacke erschlagen. Ein sehr anständiger Mann. Es passiert alles Mögliche heute. Aber damit du es weißt, für alle Fälle, du beerbst mich nicht.

ADAM *ehrlich entsetzt* Clementine, bist du wahnsinnig?

FRAU ADAM Ich hab an so was schon oft gedacht, wenn ich wach gelegen bin neben dir und du hast geschnarcht. Und jetzt geh ich die Bleiknöpfe aus den Vorhängen heraustrennen. Heut in dem Trubel kann der Puttgam den ganzen Harzer Automaten ausleeren.

ADAM Er ist doch nie allein im Büfett. Du glaubst doch nicht, dass er nachts die Knöpfe aus unseren Vorhängen trennt. Wie soll er denn hereinkommen, der arme Teufel?

FRAU ADAM Du weißt nicht, was es alles gibt, Adam. Aus der Luft kann man einbrechen; aus dem Kanal hat man einmal in Breslau eine Bank ausgeraubt. Du weißt eben nichts vom Leben. Du hast deine Ideen und sonst gar nichts. Schlaf noch eine halbe Stunde, damit man kein Licht braucht. Deine Kleider zum Umzug hab ich in den Kasten gehängt; das Schwert hab ich zu den Unterhosen gelegt.

Sie geht mit dem Licht in der Hand hinaus; die Bühne dreht sich mit ihr. Frau Adam steigt die Treppe hinunter durch die Kegelbahn ins Büfett; dort sind die Rollbalken herabgelassen; das Büfett ist sehr dunkel. Große Schatten an den Wänden. Frau Adam geht zum Vorhang, hebt den Saum hoch und sagt:

FRAU ADAM Schon wieder hat der Kerl …

Dann beginnt sie zu trennen. Schritte. Sie versteckt sich hinter dem Vorhang, bedeckt die Lampe. Ein Mann schleicht durch den Raum, geht an den Automaten. Frau Adam schießt auf ihn los, hält die Lampe hoch, leuchtet ihm ins Gesicht, stößt einen Schrei aus und lässt die Lampe fallen.

FRAU ADAM Pankraz! Sie …?

Pankraz bleibt im ersten Schreck auf der Erde sitzen. Frau Adam ist gelähmt vor Entsetzen.

FRAU ADAM *mechanisch und völlig tonlos* Gehen Sie!

PANKRAZ Ja, ich gehe, Frau Adam. Aber Sie müssen mich erst hören.

FRAU ADAM Was gibt's denn da zu hören?

PANKRAZ Frau Adam, ich bin ein Schuft. Ich war Ihres Vertrauens unwürdig, Frau Adam. Ich wär sehr gern ein anständiger Mensch geworden; aber ich kam nicht dazu. Im Krieg hätte ich gern meine heldische Gesinnung bewiesen, aber da war ich erst neun und hab vier Jahre Kohlrüben in mich hineingefressen und hab immer Leibweh gehabt. Und seit damals hab ich immer Hunger, bin einfach nicht satt zu kriegen. Und dann hab ich nichts gelernt, denn ich hab doch meine Augen im Kopf gehabt, und ich hab gesehen, dass es überall zu viele gibt, und dass man gar nicht mit mir rechnet. Und dann hab ich mich durchgedrückt, mir hat keiner geholfen, und ich hab keinem geholfen, bis ich zu Ihnen kam, und jetzt werd ich eben wieder gehen. *Er wendet sich um.*

FRAU ADAM Pankraz! *Pause.* Sie haben nie einen Menschen gehabt, der sich um Sie gekümmert hat?

PANKRAZ Nein, Frau Adam. Meine gute Mutter ist früh gestorben. Wie ich zehn Jahre alt war, zeigte mir ein

Mädchen, wie man liebt. Sie war eine Kellnerin, und ich fand es hässlich. *Er gerät immer mehr von ehrlicher sentimentaler Ergriffenheit in Agieren und Berechnen.* Und Sie, Frau Adam, werden weiter so hinleben, sehr friedlich und in Ehren. Kein Mitbürger wird etwas Schlechtes von Ihnen sagen können, und Sie werden manchmal an mich denken, und ich hoffe, freundlich.

FRAU ADAM *vor sich hin* Dann ist keiner mehr da. Jedes Jahr wird einer weniger; jedes Jahr stirbt ein Onkel in Pommern oder eine Tante in Mecklenburg. Und dann hängen sie an der Wand, immer mehr Bilder. Und zum Brautschleier und zum Myrtenkranz unterm Glas kommt ein silberner unter Glas, und dann bleibt nichts mehr von einem übrig als das Kreuzstich-Monogramm C.A. auf den Handtüchern und den Kissenbezügen, und dann nimmt man sich die Katze auf den Schoß oder einen Hund, denn ein Vieh kann nicht Nein sagen.

PANKRAZ Eine Frau gab es in meinem Leben, die hätte aus mir einen Menschen machen können. Aber diese Frau konnte ich nicht erringen. Darf ich weitersprechen?

FRAU ADAM *heftig* Ja.

PANKRAZ Aus purer Verzweiflung läuft man anderen Frauen nach, aus denen man sich nichts macht.

FRAU ADAM Sie haben sich …

PANKRAZ *unterbricht* Fräulein Eva ist nicht mein Typ. Sie ist, verzeihen Sie das harte Wort, eine Hopfenstange. Wenn man eine Frau im Arm hält, dann muss man was spüren, muss man was greifen. – Aber das hat ja alles keinen Zweck mehr. Sie können die Polizei rufen. Ich gebe Ihnen mein Wort, ich stelle mich selbst, wenn Sie es verlangen. *Er wendet sich wieder, als wollte er gehen.*

FRAU ADAM Nein, um Gottes willen! Sie bleiben, Pankraz.

PANKRAZ Nein, Clementine, ich will Sie nicht ehrlos machen! Ich muss fort!

FRAU ADAM *wild* Er soll fort, Adam! Er kümmert sich nicht um mich – er rührt mich nicht an. Ich lass mich scheiden! Ich setze ihn hinaus!

PANKRAZ Clementine, und die Leute?

FRAU ADAM Die Leute. Was gehen die Leute mich an! Leben will ich! Dich will ich! Und wenn sie uns das Haus überm Kopf anstecken! Sag's mir noch einmal!

PANKRAZ *zurückweichend* Was denn, Frau Adam?

FRAU ADAM Dass du mich …

PANKRAZ Unermesslich, Frau Adam! *Er gibt sich einen Ruck und schließt sie in die Arme.*

FRAU ADAM *zärtlich* Du wirst bei mir sein, Tag und Nacht. Du wirst mich nie allein lassen.

PANKRAZ Und die Kellerschlüssel und die Speisekammerschlüssel kann ich dann immer bekommen, Clementine, wenn ich will? Weißt du, mir ist jede Abhängigkeit zuwider, besonders von einer Frau, die ich liebe.

FRAU ADAM *reicht ihm die Schlüssel hin* Da hast du sie, gleich kannst du sie haben. Sollst nicht kommen müssen wegen jeder Kleinigkeit. Das hast du nicht nötig.

PANKRAZ Und wenn ich Geld brauche, Clementine?

FRAU ADAM Geld? Dann kannst du mir's ja sagen.

PANKRAZ Das erniedrigt mich, Clementine.

FRAU ADAM Nein, nein, Hans Heinz, ich lass zwei Drittel auf dich überschreiben. Ein Drittel behalte ich für mich. Alles sollst du haben, was du willst. Du sollst nicht sagen, dass ich kleinlich bin.

PANKRAZ Aber Adam wird doch versuchen, dich breitzuschlagen.

FRAU ADAM Ich möchte keinem raten, dass er sich mir jetzt in den Weg stellt. Auch die Eva fliegt heute noch. Oder lieber morgen. Heute ist zu großer Betrieb.

PANKRAZ Wir wollen nicht vorschnell sein, Clementine. Sie ist doch eine gute Kraft.

FRAU ADAM Und die Ohrfeige, die sie dir gegeben hat? Und der Lebenswandel, den die Person führt?

PANKRAZ Clementine, das mit dem Geld, das könntest du ja bald ordnen, am liebsten gleich.

FRAU ADAM Warum denn so eilig?

PANKRAZ *zärtlich* Du darfst mich nicht missverstehen, Liebling, ich will niemals mehr mit dir von Geld sprechen müssen. Das soll überhaupt nicht mehr erwähnt werden zwischen uns.

FRAU ADAM *streichelt ihn zärtlich* Du bist ein seltener Mensch, Hans Heinz, ein seltener Mensch. Ich geh gleich zum Notar. Er kann heut etwas früher aufstehen, und auf dem Rückweg geh ich in die Kirche. Ich hol mir nur noch den Hut.

Frau Adam geht hinaus. Pankraz geht in bester Laune hin und her, misst alles mit dem Blick des Besitzers, nimmt ein Dutzend Bleiknöpfe aus der Tasche und wirft sie weg. Frau Adam kehrt in Hut und Mantel zurück.

FRAU ADAM Ich hab ihm noch nichts gesagt. Er schläft noch. Er weiß nicht, dass es das letzte Mal ist. Pankraz, du musst mich sehr lieb haben. *Noch einmal in der Tür.* Ich bin sehr glücklich. *Sie hebt den Rollbalken hoch.* Gib mir die Schlüssel einen Augenblick!

Er reicht sie ihr, sie schließt auf. Er greift hastig wieder danach und küsst ihr die Hand. Dann verschwindet er nach hinten, kehrt mit Wurst, Brötchen etc. zurück und beginnt, mit beiden Backen zu kauen. Eva kommt mit Eimer und Wischtuch ins Büfett, prallt zurück, da sie Pankraz sieht.

PANKRAZ *kauend* Lassen Sie sich nicht stören, Fräulein Eva.

EVA Woher haben Sie denn die Wurst?

PANKRAZ Wollen Sie ein Stück?

EVA Nein.

PANKRAZ *kauend mit Genuss* Sie sollten mich ja nicht so von oben herab behandeln, Fräulein.

Eva sieht ihn nicht an und tut ihre Arbeit.

PANKRAZ Es könnte nämlich der Zeitpunkt nahe sein, wo von meiner Fürsprache für Sie sehr viel abhängt. Sie haben mich schwer gereizt, aber – *Mit plötzlich ausbrechender Brutalität.* Sehen Sie mich an, wenn ich mit Ihnen spreche! Drehen Sie mir nicht den Rücken zu! Ich bin kein Stück Dreck! Für Sie bin ich immer noch einer, den man ansieht.

EVA Sie werden sich verschlucken an der gestohlenen Wurst.

PANKRAZ Die Wurst ist nicht gestohlen, und hier wird sich jetzt überhaupt manches ändern, Fräulein. Ganz andere Töne werden Sie mit mir anschlagen müssen, wenn Sie überhaupt hierbleiben wollen. Da werden Sie in mir den Herrn sehen müssen, Fräulein.

EVA So, haben Sie die arme Alte jetzt so weit?

PANKRAZ Sie haben's nötig, den Sittenrichter zu spielen! Warum sind Sie denn so zu mir? Was hab ich Ihnen denn getan? Bin ich aussätzig?

EVA Es tut mir leid, Herr Pankraz, aber Sie gefallen mir wirklich gar nicht.

PANKRAZ So? Und die alten Kerle, der Oberförster, der Apotheker, der Stadtrat, der Schulrat, mit denen können Sie poussieren?

EVA Aber das war nicht zum Vergnügen, das war doch für Herrn Adams Idee!

PANKRAZ Für die Idee, nach der heut kein Hahn mehr kräht, über die heute schon jeder lacht. Seien Sie vernünftig, Eva. Ich könnte vielleicht noch das Ärgste aufhalten. Man macht sich nicht ungestraft einen Pankraz zum Feind.

Puttgam kommt eilig herein.

EVA Was ist denn los, Herr Puttgam? Wieso sind Sie schon so früh da?

PUTTGAM Es ist so unruhig heute. Um vier haben sie schon die Girlanden aufgemacht für den Umzug. Fräulein Eva, könnten Sie heute nicht auf ein paar Stunden fortgehen?

EVA Warum denn, Herr Puttgam?

PUTTGAM Die Weiber, die sind doch so furchtbar böse auf Sie, die wollen …

ADAM *läuft eilig, nervös, ohne Hut durch das Büfett, sagt ohne jemanden anzusehen* Guten Morgen.

EVA Wohin denn, Herr Adam?

ADAM Ich muss was erledigen. Ich muss … ich komme gleich zurück. *Er rennt weg.*

Eva blickt ihm verwundert und ein wenig beunruhigt nach.

PUTTGAM Vielleicht wegen seines Kostüms? Er geht doch mit im Umzug zum Rathaus?

EVA Also, was wollen die Frauen von mir?

PUTTGAM Die Apothekerin ist vorbeigegangen an meiner Schlafbank mit dem Fräulein Agnes vom Schulrat. Und erst haben sie vom Kostüm gesprochen, weil doch das Fräulein Agnes für die Frau Apotheker ein Ritterfrauengewand genäht hat, das sie heute trägt, und sie hat gesagt, die Falte überm Gesäß macht sie so stark, und das muss man noch ändern. Und dann haben sie von Ihnen gesprochen, das möchte ich nicht wiederholen. Und dann haben sie so etwas gesagt von Abrechnung.

EVA Mit mir?

PUTTGAM Ich bin kein Held, Fräulein Eva, denn ich hab nach vorn Phantasie und nach hinten Erfahrung. Und ich sag Ihnen, lieber ein Husarenregiment als zehn verrückte Weiber.

EVA Heut haben die keine Zeit dazu.

PUTTGAM Gerade heute. Und dann ist auch einer, der hat so viel Besuche gemacht bei den Damen in den letzten Tagen, hat herumgeschnüffelt, hat sich Liebkind gemacht und geklatscht.

Pankraz hat bei Puttgams Eintritt die Wurst zugedeckt, jetzt nimmt er das Tuch fort und setzt ohne weitere Rücksicht seine Mahlzeit fort. Puttgam ist furchtbar abgelenkt und erregt durch die Wurst, die Pankraz deutlich vor seiner Nase hin und her baumeln lässt.

PANKRAZ *mit überlegener Frechheit* Das soll wohl ich sein, auf den Sie da anspielen?

PUTTGAM Allerdings.

PANKRAZ So? *Er verschlingt ein ungeheures Stück Wurst.* Ob ich bei der Frau Apotheker zum Tee eingeladen bin oder bei der Frau Stadtrat zum Kaffee, das geht Sie gar nichts an; und Ihre Unverschämtheiten hören jetzt auf. *Wieder ein Riesenbiss in die Wurst.* Sonst nämlich wird man Sie hier überhaupt nicht mehr hereinlassen. *Hält die Wurst dicht vor Puttgams Nase und beißt hinein.* Sie schäbiger Spürhund. Fangen Sie auf! *Er wirft ihm das letzte ausgelutschte Endchen der Wurst hin.* Ich geh mir den Triumphbogen ansehen.

Puttgam fängt die Wurst auf, Pankraz geht hinaus.

PUTTGAM *sehr betrübt die Wurst kauend* Ich hätt es bespucken sollen. Ich hätt es nicht nehmen dürfen. Früher, da hätt ich es ihm so im Bogen vor die Füße geworfen. Behalten Sie den Dreck, hätt ich gesagt; so wäre mein Charakter. Aber Wurst ist Wurst.

Eva hat während der Szene Papiergirlanden im Zimmer befestigt.

PUTTGAM Verachten Sie mich, Fräulein Eva?

EVA Nein, Herr Puttgam, reichen Sie mir doch die Reißnägel.

STADTRAT *in einem schwarzen Tuchwams mit Barett und Kette* Guten Morgen, ist Adam zu sprechen? Na, wie finden Sie mich, Fräulein Eva? Sieht gut aus, wie?

EVA Sehr schön, Herr Stadtrat. So würdig. Herr Adam ist nicht da.

STADTRAT Sehr unangenehm. Wenn diese Geldsachen heute nicht geklärt werden … Sie machen doch mit beim Umzug?

EVA Ich hab doch keine Zeit, Herr Stadtrat.

STADTRAT Sie haben keine Ahnung, wohin Adam gegangen sein kann?

EVA Er kann nicht weit sein, er ist ohne Hut fort.

STADTRAT Dann werd ich mal versuchen, ihn irgendwo aufzugabeln. *Ab.*

EVA Was wollen Sie denn von Herrn Adam? Vor 14 Tagen waren Sie alle so begeistert. Und jetzt plötzlich –

PUTTGAM Ja, das ist auch schwer zu verstehen. Der Bürgermeister hat nämlich auch eine Idee. Er will die Teiche trockenlegen lassen, um Ackerland zu gewinnen. Und wenn man einen Teich trockenlegt, kann man natürlich keine Fische darin züchten.

EVA Aber er war doch so begeistert von Herrn Adams …

PUTTGAM Er hat ja auch versprochen, bis heute zu warten, ob Adam das Geld zusammenkriegt. Und heute kommen doch so viele Leute hierher wegen der Feier. Und der Bürgermeister zieht sich ganz so an wie im Dreißigjährigen Krieg. Ein Tuchwams, mit Pelz verbrämt, so wie der Bürgermeister, der Tilly oder wer es war im Kegeln besiegt hat, und der daraufhin die Stadt verschont hat. Und deshalb trägt man heute den silbernen Kegel auf einem Purpurkissen durch die Stadt, denn das ist ein Symbol. Und dann hält der Bürgermeister eine Rede, er muss doch den Leuten was erzählen.

EVA Aber dann könnte er doch auch von Herrn Adams Idee …

PUTTGAM Ja, Fräulein Eva, nur die Idee des Bürgermeisters, für die ist Geld da, denn die Großagrarier, die würden ihm das neue Weideland abnehmen, und sie würden viel dafür zahlen.

EVA Ich hab noch nie im Leben so viel von Ideen gehört wie in den letzten vierzehn Tagen.

PUTTGAM Das sind sonderbare Dinge. Man kann sie nicht anfassen, man kann sie nicht schmecken, aber reden kann man davon. Die einen kämpfen für die Idee von ihren Großvätern, und die anderen für die Idee ihrer Nachkommen. Und sie schießen sich über den Haufen deswegen. Aber weil doch die Ahnen schon tot sind, und die Enkel noch nicht leben, können beide nicht sagen, dass sie eigentlich gar nicht dafür sind. Aber wir reden und reden, und ich wollte doch, dass Sie weggehen.

EVA Ich laufe nicht davon. Ich werde sehen, was die von mir wollen.

PUTTGAM Sie ziehen den Kürzeren in diesem Kampf. Wissen Sie nicht, dass die Krähen jeden tothacken, der ein paar weiße Federn hat? Es gehört sich nicht, anders zu sein, das bezahlt man. Aber Eva, was auch geschieht, Sie wissen … Quatsch – ich rede ja schon genau wie die anderen. Was kann ich Ihnen denn …? Aber Fräulein Eva, wenn ich was hätte, alles würde ich Ihnen ... Das wissen Sie doch, nicht wahr?

EVA *weich* Ja, danke.

Adam tritt ein, er ist ganz blass und sichtlich sehr erregt. Eva geht auf ihn zu und fasst ihn an den Händen.

EVA Was ist denn geschehen, Herr Adam?

ADAM Meine Frau hat zwei Drittel des Geldes auf Pankraz überschreiben lassen. Ich war beim Notar, keinen Pfennig kann ich herauskriegen.

EVA Der Schweinekerl.

STADTRAT *kommt herein* Da sind Sie ja, Adam, na Gott sei Dank! Ist die Sache in Ordnung?

ADAM *schüttelt stumm den Kopf* Ich muss zum Bürgermeister.

STADTRAT Den Weg können Sie sich sparen, Adam. Wenn heute das Geld nicht erlegt wird, hat er gesagt, dann schließen wir mit den Agrariern ab. Und ich kann ihm nicht Unrecht geben, das ist eine sichere Sache.

SCHULRAT *im Gewand des Doktor Faust* Morgen, Herr Adam. Sie werden doch diese Kleinigkeit mit dem Geld heute in Ordnung bringen? Wie stehe ich sonst da? Meine Stellung ist untergraben.

OBERFÖRSTER *kommt* Herr Adam, ablassen wollen sie uns.

SCHULRAT Wieso sind Sie noch nicht angezogen?

OBERFÖRSTER Ich mach so etwas nicht mit. Ich bin kein Zirkuspferd. Meinen Weidenteich ablassen, und so was wird zugelassen! Trockenlegen will man mich! Eine Infamie! Da ist ja das verfluchte Brutteichprojekt noch tausendmal besser. Jeder macht sich wichtig auf meine Kosten.

SCHULRAT Herr Adam, der Bürgermeister ist noch zu Haus, er zieht sich an. Wenn Sie sofort mit dem Geld zu ihm gehen …

ADAM Aber meine Herren, ich kann ja nicht, ich hab es ja nicht!

APOTHEKER *tritt im Gewand eines mittelalterlichen Magisters ein* Was haben Sie nicht, Herr Adam?

ADAM Das Geld!

APOTHEKER Na, dann gehen Sie eben zur Bank und holen es. Großartig! *Er lacht.*

FRAU ADAM *tritt ein* Er hat nichts auf der Bank, keinen Pfennig. Das Geld ist mein, Herr Apotheker.

APOTHEKER Mann und Weib, eine Seele und ein Leib, Frau Adam.

FRAU ADAM *im Gegensatz zur lärmenden Fröhlichkeit des Apothekers vollkommen ernst und humorlos* Kein Sechser gehört ihm, und ich geb ihm keinen.

SCHULRAT *zu Adam* Und da haben Sie uns leichtfertig in diese Situation gebracht?

APOTHEKER Unter Vorspiegelung falscher Tatsachen?

SCHULRAT Wenn ich denke, wie mich mein gesunder Instinkt vor dieser unsicheren Sache gewarnt hat!

OBERFÖRSTER Eine Affenschande!

ADAM Ich hatte die besten Absichten, ich war guten Glaubens.

APOTHEKER Dann hätten Sie Pfarrer werden sollen.

Das Büfett ist voll von Fremden, die sich bedienen, zum Teil durcheinanderschreien: »Ein kleines Helles, Bedienung!« Eva ist hin- und hergerissen zwischen ihren Pflichten und dem Wunsch zu hören, was vor sich geht. Der Streit wird jetzt mit gedämpften Stimmen aber unverminderter Intensität fortgesetzt. Auch Pankraz ist wieder eingetreten.

STADTRAT Aberkennung der Bürgerrechte wäre das wenigste!

SCHULRAT Eigentlich handelt es sich um eine böswillige Irreführung.

EVA *die an den Herren vorbeigeht* Aber er hat doch nicht gewusst, dass er kein Geld bekommen wird.

STADTRAT Davon verstehen Sie nichts, mein Fräulein.

OBERFÖRSTER Trockenlegen, den Weidenteich!

APOTHEKER *sieht auf die Uhr* Zieh'n Sie sich an, Adam. Es ist eine unerhörte Geschichte; aber wir müssen nach außen hin Einigkeit markieren.

ADAM Ich gehe nicht mit.

SCHULRAT Was soll das heißen?

ADAM Mir ist nicht zumute nach Mummenschanz. Ich hab es ehrlich gemeint. Dass kein Geld da ist, macht die Sache nicht schlechter. Von mir aus legt die Ostsee trocken, macht die Sahara draus und züchtet Kamele! *Er geht ins Nebenzimmer und schlägt die Tür zu.*

KAUFMANN Jetzt tut er noch so, als wenn wir ihn beleidigt hätten.

APOTHEKER Der kommt schon wieder. *Zu Eva.* Bier her, Kleine! Aber schnell. Sie haben Ringe unter den Augen. *Fasst sie um die Taille.* Dass mir so was nicht wieder vorkommt! Ringe unter den Augen, erst mit dem Ring an der Hand.

Durch die Tür kommen in wallenden Phantasiegewändern die Frau des Apothekers, des Stadtrats, Fräulein Agnes, die Frau des Kaufmanns und andere Damen.

APOTHEKERIN Natürlich, in flagellanti erwischt! Da, meine Damen, mehr braucht man wohl nicht!

FRAU STADTRAT … Frau Adam, wir sind gekommen … wegen …

FRÄULEIN AGNES Vielleicht kann man das doch nebenan verhandeln … es sind so viele Männer …

FRAU STADTRAT Wir haben nichts zu verheimlichen.

FRAU DES KAUFMANNS Sie haben hier eine Person, und die muss raus!

APOTHEKERIN Die öffentliche Sittlichkeit ist nämlich bedroht. Die ganze Stadt hier ist *flüsternd* ein Puff, seit das Mädchen bei Ihnen ist.

EINE FRAU Ich hab sie auf einer Wiese beobachtet, da hat sie mit dem Herrn Schulrat – und dann – ich will nicht sagen, bei wem – hab ich sie durchs Fenster gesehen; sie war fast nackt oben und ohne Büstenhalter!

APOTHEKERIN Und hier, das hab ich von einem Augenzeugen: *Blick auf Pankraz* Da ist es, das werden Sie ja wissen, zu einer Orgie gekommen.

FRAU STADTRAT In Striemen müsste man so einem Frauenzimmer die Haut vom Leibe schneiden.

In diesem Augenblick kommen ein paar Männer in Heroldskostümen mit Instrumenten und einer funkelnagelneuen Fahne ins Büfett. Die Fahne wird an die Theke gelehnt; aus dem einen Abflussrohr der Trompete tropft Speichel. Puttgam wickelt sein Taschentuch darum und sagt:

PUTTGAM Entschuldigen [Sie], es tropft nämlich so.

ERSTER HEROLD Fünf Paar heiße Würstchen und fünf Helle, Fräulein! Schnell, wir haben keine Zeit!

Eva geht mechanisch an die Theke, holt Würstchen und Bier, während die Apothekerin mit unerhörter Wucht fortfährt.

APOTHEKERIN Dazu hat man nicht ein ehrbares Leben geführt und sich kasteit und allen Ärger heruntergeschluckt und seine Kinder mit Schmerzen geboren …

In diesem Augenblick geht Eva mit einer Schüssel voll heißer Würstchen und Biergläsern vorbei, die heftige Geste der Apothekerin wirft die Würstchen von der Schüssel auf die Fahne und von dort auf den Boden. Ein Glas zerbricht und verletzt einen Herold.

ERSTER HEROLD Ein Fettfleck auf die neue Vereinsfahne, so groß wie eine Faust. Sie werden uns eine neue Fahne kaufen!

APOTHEKERIN Ich hab überhaupt nichts gemacht.

ERSTER HEROLD Die Würstchen haben Sie heruntergeworfen, in einem großen Schwung, und alles auf die Fahne.

ZWEITER HEROLD Und mir hat das Bierglas die Wange zerschnitten.

FRAU ADAM *zu Eva* Gehen Sie nach hinten und holen Sie Benzin!

Eva geht hinaus.

ERSTER HEROLD Wenn's nicht herausgeht, mach ich Sie verantwortlich.

APOTHEKERIN Die Kellnerin hätte ja aufpassen können.

ERSTER HEROLD Die kann nichts dafür; Sie haben sie ja gestoßen.

ZWEITER HEROLD *tobt* Das Blut fließt mir aus dem Maul. Werden Sie vielleicht trompeten? Ich kann's nicht.

APOTHEKER Insultieren Sie meine Gemahlin nicht!

ERSTER HEROLD Was heißt Gemahlin? Fettfleck ist Fettfleck.

STADTRAT Sie hatte doch nicht die Absicht!

ZWEITER HEROLD Ich jedenfalls blute aus dem Mund. Ich hatte auch nicht die Absicht.

SCHULRAT In diesem Ton kann man doch nicht mit einer Dame verkehren!

ZWEITER HEROLD *dessen Wange inzwischen zugebunden wurde* Verkehren kommt da überhaupt nicht in Frage.

APOTHEKER Sie werden beleidigend.

APOTHEKERIN Schweig, Heinrich, mach dich nicht ordinär mit dem!

EVA *ist zurückgekehrt, reibt die Fahne mit Benzin ab* Sehen Sie, er geht heraus.

ERSTER HEROLD Fräulein, Sie sind ein Engel! Nur noch ein Rand. Stinken tut sie ein bisschen, aber das gibt sich an der Luft.

Die Übrigen haben die Würstchen vom Boden aufgehoben, abgepustet und gegessen.

APOTHEKER Wir müssen weg, der Zug sammelt sich um halb.

APOTHEKERIN Ihr habt noch zehn Minuten Zeit, und so lang wird hiergeblieben.

STADTRAT Es hat doch keinen Zweck.

FRAU STADTRAT Erst machen wir hier reinen Tisch.

FRÄULEIN AGNES Und was ich noch sagen muss … Der Herr Schulrat ist doch sonst die Ordnung selber. Aber seit diese Person sich hier herumtreibt …

SCHULRAT Halten Sie den Mund, Agnes!

FRÄULEIN AGNES Nein, Herr Schulrat, es muss heraus. *Zu den anderen.* Sein Hemd hat er zweimal verkehrt angezogen! Mit den Socken legt er sich ins Bett! Und …

FRAU STADTRAT Solche Weiber hat man in anständigen Zeiten als Hexen verbrannt!

APOTHEKERIN Mein Mann – fünfzehn Jahre ist er neben mir gelegen – Nussholz ist das Bett – und jetzt plötzlich in der Nacht, da umarmt er mich und sagt: Na, Kleine?

FRAU STADTRAT Raus muss sie! Und ins Zeugnis muss man schreiben: Liederlich und lasterhaft!

FRAU DES KAUFMANNS Da kann auf einmal die ganze Stadt miteinander verwandt sein, wenn so ein Luder sich herumtreibt.

HEROLD Sind da Sie gemeint, Fräulein? Soll ich mal die alten Schrauben …?

Eva winkt ihm ab. Die Herren sind irritiert, aber ehe sich irgendeiner zu einem Protest aufschwingen kann:

PUTTGAM *schreit* Ich hör das nicht mehr an! Ich bin ja mit keiner von Ihnen verheiratet! Sagen Sie kein Wort mehr gegen Fräulein Eva! Ein ganzer Hühnerstall fällt über den Singvogel her, um ihn totzupicken!

FRÄULEIN AGNES Sie … Sie … Kommen Sie noch einmal freitags zu uns Zündhölzer verkaufen!

PUTTGAM Ich pfeif auf die zwanzig Pfennige. Ich hab keine anderen, aber ich pfeif drauf! *Ganz groß im Zug.* Ein frischer Luftzug ist hineingekommen in ein ungelüftetes Schlafzimmer, da macht ihr Geschrei und klebt die Fenster zu!

APOTHEKERIN Sie Hungerleider, Sie … Sie Niemand!

FRÄULEIN AGNES Auch mit dem Drecksack hat sie's getrieben!

SCHULRAT Puttgam, Sie vergessen sich!

PUTTGAM Sie waren mal mein Vorgesetzter, Herr Schulrat. Jetzt hab ich keinen Vorgesetzten mehr; mir kann nichts passieren, weil mir schon alles passiert ist.

EVA Puttgam, ich möchte nicht, dass Sie weitersprechen.

FRAU ADAM *zu Puttgam* Sie gehen jetzt auf der Stelle hinaus! Und dass Sie sich nicht mehr ins Büfett hereintrauen! Im Bogen fliegen Sie hier hinaus. *Zu den Frauen.* Und was das Mädchen ist, damit beschmutze ich mir den Mund nicht. Morgen hätt ich sie hinausgeschmissen; aber sie soll heute schon gehen, sofort.

FRAU STADTRAT Sie hat hier nichts zu suchen, am Ehrentag unserer Stadt.

PUTTGAM *wendet sich zu Eva* Sie wissen, was auch geschieht … Auf mich können Sie sich immer, soweit man …

Mit einer hilflosen Geste, in der sich das Bewusstsein des Unterschieds dessen, was er bieten möchte, und dessen, was er bieten kann, ausdrückt, geht er zur Tür. Eva nimmt seine

Hand, drückt sie und schiebt ihn hinaus. Ein Trompetenstoß von draußen, worauf die Bläser ihre Instrumente ergreifen und davonrennen.

FRAU ADAM Halt! *Zu Eva.* Kassieren Sie!

EVA Ich gehe, Frau Adam, und sofort. Ich bin hiergeblieben, weil … *Sieht sich suchend im Raum um.* Das geht Sie übrigens gar nichts an, warum. *Zu den anderen.* Ihre Männer hab ich Ihnen nicht weggenommen, und ich möcht sie auch gar nicht haben. Und wenn Sie sich den Mund über mich zerreißen wollen, dann können Sie's ruhig tun. Ich bin Ihnen dankbar, meine Damen. Früher mal war ich sehr unzufrieden mit mir, aber wenn ich Sie so ansehe, dann gefall ich mir wirklich ganz gut. *Sie legt die Schürze ab. Zu Frau Adam.* Die Schürze gehört Ihnen. Das Kleid kann ich nicht ausziehen, weil das andere zerrissen ist. Ich schick es bei Gelegenheit mit der Post. Guten Morgen.

Pankraz macht eine Bewegung, als ob er sie halten wollte, besinnt sich aber eines Besseren.

APOTHEKER Man kann sie doch nicht so ins Ungewisse …

APOTHEKERIN Das ganze Leben ist ungewiss, Heinrich.

ADAM *kehrt ins Büfett zurück* Was ist denn hier los?

FRAU ADAM Wir haben die Eva hinausgeschmissen.

ADAM Wo ist sie?

APOTHEKERIN Das hat Sie gar nicht zu interessieren, einen verheirateten Mann.

FRAU STADTRAT Wir wissen, was hier gespielt worden ist. Und wenn einer ein Mädchen zu so etwas benützt, dann ist er ein Zuhälter, Herr Adam.

ADAM Wo ist sie hin? Keiner hat das Recht, hier jemanden wegzuschicken, außer mir.

FRAU ADAM Darüber sprechen wir nachher noch, Adam.

APOTHEKERIN Sie waren der Führer. Unsere Männer sind bloß die Schafe, die mitgelaufen sind.

ADAM Wenn ihr etwas geschehen ist, dann breche ich euch … Lassen Sie mich durch!

PANKRAZ Es ist zu spät, Herr Adam. Heute in dem Trubel kann man keinen finden. Und dann ist sie wahrscheinlich schon längst unterwegs zu einem gewissen anderen Herrn.

ADAM Woher wissen Sie das?

PANKRAZ Vermutungen, Herr Adam.

Wieder ein Trompetenton von draußen.

APOTHEKER Wir müssen aufmarschieren! Wir kommen zu spät zum Umzug.

APOTHEKERIN Erst haben wir hier den Augustusstall ausmisten müssen.

FRAU STADTRAT Das waren wir ja auch Frau Adam schuldig.

OBERFÖRSTER Also, man wird den Weidenteich trockenlegen. Sie sind ein elendiger Waschlappen, Adam.

STADTRAT Es ist höchste Zeit. Vielleicht treten die Damen reihenweise an, die Herren hinterher.

APOTHEKER Und von den unerquicklichen Sachen hier darf man nichts merken. Das ist erledigt, begraben, nicht wahr, Hildchen? Festesfreude im Herzen und im Gesicht!

FRÄULEIN AGNES *zupft am Faltenwurf der Apothekerin* Nicht so stark mit den Hüften schuckeln beim Gehen, sonst rutscht die Falte.

OBERFÖRSTER *zu Adam* Also, Sie werden nichts tun?
ADAM Ich kann nicht, Herr Oberförster.
OBERFÖRSTER Dreckskerl! *Er wendet sich wütend zum Gehen, stolpert über die Schleppe der Apothekerin.*
APOTHEKERIN Achtung auf meinen Reifrock!
OBERFÖRSTER Ihr Reifrock kann mich …

Er stürzt wütend hinaus, während die anderen in Reih und Glied, ein gefrorenes freundliches Lächeln wie beim Vorstadtfotografen auf den Lippen, hinausmarschieren. Frau Adam, Pankraz und Adam bleiben zurück.

ADAM Und jetzt, Clementine, möcht ich wissen, was das alles heißen soll.
FRAU ADAM Ich und Pankraz, wir lieben uns. Im Herbst soll Hochzeit sein.
ADAM Hochzeit?
FRAU ADAM Zwischen uns ist es nicht mehr das Richtige gewesen. Das musst du zugeben, Adam.
ADAM Und warum hast du dich denn so plötzlich entschlossen?
FRAU ADAM Man lebt wie eine Blinde, und auf einmal gehen einem die Augen auf.
ADAM Heute früh war das, Clementine, wie du in das Büfett gegangen bist?
FRAU ADAM Ja, da hat es sich herausgestellt. Und weißt du, Adam, Leidenschaft zerreißt alle Ketten. Das ist wie ein Sturm, ja!
ADAM *mit plötzlichem Mitleid* Clementine, du bist keine junge Frau mehr. Du hast dich fangen lassen von dem Kerl. Er hat es darauf angelegt von der ersten Stunde an. Wie er das Geld hat, wirft er dich weg wie eine Wursthaut. Sei doch vernünftig, Clementine! Selbst wenn er ein ordentlicher Mensch wäre statt ein Gau-

ner, – er ist vierundzwanzig – du könntest doch seine Mutter …

FRAU ADAM *wütend* Ich wollt im Guten mit dir auseinandergehen. Du hast mir sogar leidgetan. Aber jetzt, Adam, jetzt bin ich fertig mit dir. Ihn herabsetzen aus Neid, schlechtmachen, weil du uns das Glück nicht gönnst, – ich bin keine arme Frau, Adam. Und eine alte Frau bin ich auch nicht. Und das Glück verjüngt.

PANKRAZ Der kleine Altersunterschied mischt noch einen Tropfen Ehrfurcht in meine Leidenschaft.

FRAU ADAM Da hörst du's! So einen Menschen kannst du ja nicht begreifen. So ein Mensch geht über deinen Horizont.

PANKRAZ Sie reden immer vom Geld, Herr Adam. Es gibt doch auch noch anderes. Es gibt doch auch Dinge, die man nicht kaufen kann, nicht wahr?

FRAU ADAM Wir werden Hand in Hand durchs Leben gehen, ich und Pankraz. Zwei Herzen und ein Schlag.

PANKRAZ *immer frecher* Wenn Sie mich zur Rede stellen würden wie ein Ehrenmann. Wenn Sie sagen würden, meinetwegen: Halunke! Wie konntest du dich an mein Weib heranmachen!? Das hätte mir Eindruck gemacht, das hätte mich bei der Ehre gepackt. Ich hätte mich äußerstenfalls mit Ihnen geschlagen. Aber die Art, wie Sie die Sache behandeln, ist niedrig, Herr Adam.

Adam schweigt fassungslos vor diesem Ausmaß an Unverschämtheit. Dann packt er plötzlich mit unerhörter Kraft Pankraz an den Schultern und schüttelt ihn hin und her wie einen Köter.

ADAM Du Hund, du … du schäbiger kleiner Hund! Zerdrücken müsste man dich wie Ungeziefer!

FRAU ADAM Lass ihn los! Du machst ihn mir ja tot.

Sie packt mit beiden Händen ein Bierglas, um sich damit auf Adam zu stürzen. In diesem Moment kommt Arendt mit einem Barett und Federkiel ins Büfett. Er ist unrasiert und übernächtigt.

ARENDT Hier wird Sport getrieben. Nicht schlecht, Herr Adam, gehört unbedingt dazu. Könnte ich vielleicht einen Augenblick Fräulein Eva – ich war die ganze Nacht nicht im Bett. Der Festbericht muss doch historisch – da muss man nachlesen über den Dreißigjährigen Krieg. Ich kann mich doch nicht erinnern – ich mein, das ist doch furchtbar lang her. Ich möchte Fräulein Eva nur schnell das Festgedicht –

Während dieser Rede hat er in seiner nervösen Müdigkeit gar nicht auf die anderen geachtet, die, jeder völlig mit sich beschäftigt, Zeit hatten, sich zu sammeln.

FRAU ADAM Fräulein Eva ist nicht mehr hier.
ARENDT Nicht mehr hier? Wie ist das zu verstehen?
PANKRAZ Das Fräulein hat sich ein neues Tätigkeitsfeld gesucht.
ARENDT Aber sie war doch hier so verwurzelt. Man kann sich das gar nicht vorstellen ohne sie. Ich wollte nur den Schluss über den Krieg … Es düngte mit Blut die Ackerschollen – und schien kein Ende nehmen zu wollen –
ADAM Meine Frau hat sie fortgejagt.
ARENDT Wie? Fortgejagt? Ein so liebenswürdiges …
FRAU ADAM Darüber gibt es verschiedene Ansichten.
ARENDT Ja, dann werd ich wieder gehen. Wenn Sie etwas von ihr hören, Herr Adam, dann lassen Sie's mich wissen, nicht wahr?

PANKRAZ Bleiben Sie doch noch ein bisschen!

ARENDT Ich muss ja über das Fest berichten. Ich wollte tatsächlich nur Fräulein Eva ... *Er geht hinaus.*

Pankraz hat zwei leere Bierflaschen ergriffen, um sich gegen Adam zur Wehr zu setzen, aber Adam hebt nicht einmal die Hand.

PANKRAZ Ihr Benehmen wird gerichtliche Folgen haben.

FRAU ADAM Wenn du ihm was getan hättest, du wärst nicht lebend hier hinausgekommen.

ADAM *still* Lass dir's gut gehen, Clementine.

FRAU ADAM Wohin gehst du denn?

ADAM Fort.

FRAU ADAM Es ist das Beste, Adam. Was nicht zusammengehört, muss auseinander. Soll ich dir Stullen mitgeben?

ADAM Nein, danke.

PANKRAZ Gib mir ein Glas Wasser, Clementine. Mir ist schlecht.

Frau Adam gerät sofort in geschäftige Erregung, in der Adams Fortgehen nicht auffällt. Frau Adam schleppt einen Stuhl herbei.

FRAU ADAM Setz dich hin und bleib ganz ruhig. Mach die Augen zu. Ich mach dir einen Umschlag. Wo tut's dir weh? Ein wildes Tier ist der Adam, roh! Ich bring dir Schnaps.

PANKRAZ Du bist ein Engel, Clementine.

FRAU ADAM Ich mach dir Adams Bett auf. Du legst dich gleich hin.

Cäcilie kommt im Marketenderinnenkostüm, tief dekolletiert mit üppigen Brüsten.

PANKRAZ Ach, Fräulein Cäcilie!

CÄCILIE Entschuldigen Sie, Frau Adam, ich komm vorbei wegen dem Restlohn. Ich hab meinen Bräutigam zehnmal daran erinnert, er hat's immer wieder vergessen. Da bin ich lieber selbst mal vorbeigekommen. Es macht 12,40. Ist dem Herrn Pankraz nicht gut?

FRAU ADAM Cäcilie, Sie können wieder hierbleiben, wenn Sie wollen. Den Lohn schreib ich Ihnen gut.

CÄCILIE Aber auf dem Boden schlaf ich nicht mehr, Frau Adam.

FRAU ADAM Das brauchen Sie nicht, Cäcilie.

CÄCILIE Und um halb sechs steh ich auch nicht mehr auf. Und fünf Mark mehr muss ich haben.

FRAU ADAM Darüber reden wir noch nachher. Ich geh nur für Herrn Pankraz das Bett überziehen. *Zu Pankraz.* Gleich kannst du dich hinlegen. *Ab.*

PANKRAZ *betrachtet interessiert Cäcilies Busenausschnitt* Schöne Aussicht!

CÄCILIE Sie sind eben ein gebildeter Mensch! Was mein Bräutigam ist, hat sich deswegen die Verlobung aufgelöst. Weil ich wollte im Festzug gehen, und er hat gesagt, mein Busen gehört nicht für die Allgemeinheit. Und darüber ist er ordinär geworden. Er hat gesprochen, dass da jeder dran ziehen kann wie an der Emaille an der Toilette, wenn man runterlässt. Er hat nicht einmal Toilette gesagt. Überhaupt haben wir nicht zusammengepasst.

PANKRAZ Cillichen, wir haben uns manchmal ganz gut verstanden, was?

CÄCILIE Nehmen Sie die Hand raus, Herr Pankraz. Nicht meinetwegen, sondern wegen der Alten! Sonst feuert sie uns beide raus.

PANKRAZ Hier wird nicht mehr gefeuert, Cillichen. Einer ist nämlich schon gefeuert, der Herr Adam. Und wissen Sie, wer jetzt der Herr im Haus ist?

Cäcilie zeigt auf ihn.

PANKRAZ *nickt* Und da beginnen jetzt andere Zeiten, verstehen Sie, Cillichen?

CÄCILIE Ob ich verstehe!

Frau Adam kommt zurück, eine Schürze für Cäcilie auf dem Arm.

CÄCILIE *fegt Pankraz' Hand aus ihrem Busen und sagt zu Frau Adam* Da gratulier ich herzlich, Frau Adam, und wünsch recht viel Glück.

FRAU ADAM Danke schön, Cäcilie. Trinken Sie auf mein Wohl. *Sie schenkt sich, Pankraz und Cäcilie ein.* Ich trinke ja nie, aber heute ist ein Festtag. Auch Musik soll sein. *Sie wirft einen Groschen in den Automaten, der dünn und leiernd »Freut euch des Lebens« spielt. Frau Adam trinkt.* Man muss sich erst wieder dran gewöhnen, ans Freuen.

CÄCILIE So, und jetzt geh ich mir noch das Fest bis zu Ende ansehen.

FRAU ADAM Man muss Brote streichen, die kommen doch alle her.

CÄCILIE Die kann man doch später streichen. Ich komm wieder, bis der Festzug aus ist. Wozu zieht man sich denn sonst sein Ausgeschnittenes an? Sie sollten sich das auch ansehen, Frau Adam. Es ist ganz großartig.

FRAU ADAM Dass mir inzwischen einer das Büfett ausleert! Und wer soll die Brötchen machen?

CÄCILIE Na, ist gut, Frau Adam, dann bleiben Sie.

FRAU ADAM *zu Pankraz* Das Bett ist gemacht. Leg dich nieder, damit du abends wohl bist.

PANKRAZ Nein, Clementine, mir geht's wieder ganz gut. Ich geh mir auch den Umzug ansehen. Bei uns ist ja jetzt alles in Ordnung.

Er geht mit Cäcilie hinaus. Frau Adam bleibt allein hinter der Theke stehen. Das automatische Klavier plärrt weiter, während das Büfett sich verdunkelt.

NACHSPIEL

Die gleiche Landschaft wie im Vorspiel. Die Böschung im Schein der Abendsonne. Eva kommt, summt die Melodie von »Freut euch des Lebens« vor sich hin. Dann von unten das Geräusch aufspritzenden Wassers. Eva springt auf, läuft die Böschung hinunter und verschwindet. Man hört:

EVA Herr Adam!
ADAMS STIMME Lassen sie mich los, Eva!
EVA Ich hab es doch gewusst, dass Sie hierherkommen würden!
ADAM Es hat keinen Zweck, Eva. Lassen Sie los!
EVA Ich kann nicht, Herr Adam.

Beide tauchen auf, triefend vor Nässe, und setzen sich nebeneinander auf die Böschung hin.

ADAM Eva, warum haben Sie mich herausgezogen?
EVA Sie haben mich ja damals auch nicht gefragt. Es ist gar nicht so angenehm, wenn man plötzlich gerettet ist, nicht wahr?

Pause.

ADAM Das ist ganz etwas anderes. *Fröstelt.*

Eva nimmt ein trockenes Taschentuch, das sie vorher aus ihrer Tasche genommen hat, und beginnt, ihm behutsam Haar und Nacken abzutrocknen.

EVA Das Taschentuch hab ich nämlich vorhin draußen gelassen. *Pause.* Herr Adam, Sie haben kein Recht, so mit Ihrem Leben umzugehen, das doch nicht Ihnen gehört.

ADAM Wem denn sonst?

EVA *streng* Der Allgemeinheit.

ADAM Ach so.

Pause.

EVA Und Sie werden wieder die Berge sehen, und den Himmel, und die Sterne.

ADAM *mit traurigem Lächeln* Nachts.

EVA *leise* Herr Adam!

ADAM Kleine Eva! Es hat keinen Sinn mehr. Damals, wie Sie da unten waren, hab ich Ihnen sehr viel erzählt. Ich hab auch dran geglaubt. Das war alles Geschwätz.

EVA Das hab ich mir gleich gedacht, Herr Adam.

ADAM Lärm und Schaumschlägerei, sozusagen. Das hab ich eine Idee genannt.

EVA Aus der hab ich mir nie viel gemacht.

ADAM Ich bin nicht jung genug, um noch einmal anzufangen, Eva. Und darum hätten Sie mich nicht herausholen sollen.

EVA Aber ich bin zu jung, um allein zu bleiben, Herr Adam. Und deshalb habe ich Sie herausgeholt.

ADAM Sie wollen doch nicht …

EVA Eben schon, Herr Adam. Weil doch bei Ihnen »Leopold« ist. Das hab ich Ihnen schon ein paar Mal erzählt.

ADAM Kleine Eva, ich hab ja schon einen Bauch, und da oben werden die Haare dünn.

EVA Da werden Sie morgens Kniebeugen machen. Und für die Haare soll Birkenwasser so gut sein.

ADAM Kleine Eva, es ist viel zu schade um Sie.

EVA Herr Adam, ich bin aber da zu Hause.

ADAM Ich bin doch nichts, und ich hab doch nichts.

EVA Mich, Herr Adam. *Sie legt ganz still den Arm um seine Schultern.*

ADAM Eva, ich möchte jetzt die Augen zumachen und all das nicht wissen, was ich weiß. Ich möchte glauben, dass die Welt ein schöner friedlicher Ort ist, und dass die Menschen es gut haben und gut zueinander sind; und Hunger und Angst und Bosheit und Dummheit sind nur böse Träume nach einem guten Abendbrot. Was aber soll ich dir sagen, da ich weiß, was ich weiß?

EVA Und ich möchte sagen können: Wie es ist, ist es gut, und alles, was geschieht, hat einen Sinn. Aber ich kann es nicht sagen, Herr Adam, weil ich es nicht glaube. Wir sind kein richtiges Liebespaar.

ADAM Ich möchte stark sein für dich, Eva. Ich möchte kämpfen. Letztes Mal hätte ich noch gesagt: gegen eine Welt. Ich möchte ein Kind von dir haben, Eva, aber ich hab nicht einmal ein Bett, in das ich dich legen kann.

EVA Das hat ja noch Zeit, Herr Adam.

ADAM Ich möchte für dich arbeiten, Eva, aber ich weiß nicht, ob mir jemand Arbeit geben wird. Und ich kann auch nichts Besonderes. Und wenn du einen Jungen hast, da kann ich dir nicht versprechen: er wird's mal gut haben, er wird mal in keinen Krieg gehen müssen, auf den wird einmal keiner schießen. *Pause.* Die anderen, die haben doch alle etwas, das ihnen das Leben leichter macht.

EVA Wie die Säuglinge. Jeder hat einen großen Schnuller. Und jeder schmiert sich was andres drauf. Und wenn's auch nur Sirup für einen Pfennig ist: man hört auf zu schreien.

ADAM Wir haben keinen Schnuller mehr, Eva.

EVA Nein, Herr Adam, wir sind schon ganz groß. Groß sein ist schwer.

Pause.

ADAM Nicht einmal zu einem Ofen kann ich dich jetzt bringen.

EVA Es ist heute viel wärmer, Herr Adam. Die Sonne steht auch schon höher.

ADAM Nicht einmal warme Pantoffeln habe ich für dich, in die ich deine nassen Füße stecken kann.

EVA Die mag ich gar nicht, Herr Adam, die jucken nur.

ADAM Ich weiß nicht, wieso, Eva, aber ich kann nicht mehr traurig sein.

EVA Ich auch nicht, Herr Adam, ich bin sogar sehr froh.

ADAM Irgendwo werden wir beide heut Nacht schlafen. Vielleicht gehen wir bis zur nächsten Stadt, da hab ich Verwandte. Vielleicht legen wir uns ins Heu und graben uns ein, bis zur Nase.

EVA Und wenn wir in der Früh aufwachen, werden wir erst nicht wissen, wo wir sind, und sehr erschrecken. Das ist schön. Herr Adam, wär's nicht schade gewesen, wenn ich Sie da drin gelassen hätte?

ADAM Und wenn ich dir damals nachgegeben hätte? Damals, wie du wegen dieses – Kerls –

EVA Ich weiß gar nicht mehr, wie er aussieht, Herr Adam. So dunkelbraun, nicht?

ADAM Ja, dunkelbraun, glaub ich. *Steht auf und streckt sich.*

EVA Wie können Sie bloß sagen, dass Sie einen Bauch haben, Herr Adam?

ADAM Es ist mir vielleicht bloß so vorgekommen. Komm, Eva, wir wollen gehen.

EVA Wohin denn, Herr Adam?

ADAM Dorthin oder dahin. Vier Himmelsrichtungen gibt es. Du kannst dir aussuchen: Norden, Süden, Westen, Osten.

EVA Es gibt aber auch noch Südost, Nordwest, Nordost und Südwest. So groß ist die Welt!

ADAM Da wird sich doch noch ein Platz für uns beide finden.

EVA Hoffentlich, Herr Leopold.

Sie gehen umschlungen ab.

Welt überfüllt

Schauspiel

PERSONEN

HANS TORMANN, Arbeiter
NELLY, seine Braut
ERICH NILIUS, Student
FRAU BRIGITTE NILIUS, seine Mutter
URSEL
PAUL IMMERGRÜN
GUSTAV
THERESE, Gustavs Frau
WALTER
DIREKTOR HENSCHKE
MARIECHEN
LIESCHEN
HERR SCHICKTANZ
FRÄULEIN MOSER
DOKTOR BACH
EIN DICKER KUNDE
WURSTMAXE
LACHMANN
FRAU LACHMANN
DER ALTE AM HOLZPLATZ
DER BEAMTE
KASSIERER GLIENEKE
BAUARBEITER
CAFÉBESUCHER
BADEGÄSTE
POLIZISTEN
KINDER
KARL

ERSTER TEIL

ERSTE SZENE

Untergrundbahn – Station Nordbrunnen. Man hört das Geräusch eines davonfahrenden Zuges. Rechts ist eine Treppe angedeutet, die zum Ausgang führt. Man sieht die Schiene zwischen dem rechten und linken Bahnsteig. Auf dem rechten sitzen wartend Tormann im Arbeitsanzug, Erich und Paul Immergrün. Auf der anderen Seite, von den Männern getrennt, Nelly und Ursel, die einen Violinkasten auf den Knien hält. Es ist spät und eine entlegene Station. Erich und Ursel sehen sich von Zeit zu Zeit verstohlen an und dann zur Seite.

TORMANN *ruft hinüber zu Nelly* Wenn man gewusst hätte, wie lang das dauern wird, hätten wir zusammen warten können.

NELLY Mein Zug wird gleich kommen. Auf morgen, Hans!

Ein paar Sekunden vergehen; fern das Geräusch fahrender Züge.

PAUL Keine Spur von einem Zug.

ERICH Dabei wollte ich um elf zu Hause sein; ich habe es versprochen.

PAUL Dem Fräulein Braut?

ERICH Ich habe keine Braut. *Er blickt zu Ursel hinüber.*

NELLY *zu Ursel* Spielen Sie gut Violine?

URSEL Ganz gut.

NELLY Es muss schön sein, wenn man dazu Zeit hat.

URSEL Zu viel Zeit.

NELLY Wieso?

URSEL Den ganzen Tag könnte ich spielen, wenn ich Lust hätte.

NELLY Das ist doch gut, Fräulein.

URSEL *schüttelt den Kopf* Ich möchte lieber arbeiten, Fräulein.

PAUL *zu Tormann* Sie kommen von der Arbeit?

TORMANN Ja, am Neubau, beim Kanal unten.

PAUL Den kenn ich sehr gut, wächst wie ein Pilz, der Bau.

TORMANN Nicht wahr? Wird aber solid gearbeitet, trotzdem. In vier Wochen kann man den Dachstuhl setzen.

Das Gespräch reißt wieder ab.

URSEL Kennen Sie die Herren da drüben?

NELLY Nur den großen Blonden. Er heißt Hans Tormann. Er ist mein Freund, schon seit drei Jahren. Wir haben zusammen gegessen, jetzt fahre ich nach Hause.

URSEL Kennen Sie den anderen rechts neben ihm?

NELLY Nein. Gefällt er Ihnen?

URSEL Er sieht nett aus.

TORMANN *ruft laut hinüber* Du, Nelly, ich komm noch ein bisschen hinüber!

NELLY *auch laut zurück* Dann fährt dir doch der Zug vor der Nase ...

In diesem Augenblick verlischt das Licht, einen Moment lang tiefe Stille.

URSEL Ist etwas geschehen?

PAUL *beruhigend* Wahrscheinlich eine Störung in der Leitung.

Diese Sätze klingen unverhältnismäßig laut in der Stille, in der es möglich ist, dass alle miteinander sprechen, ohne die Stimme erheben zu müssen.

NELLY Es muss etwas passiert sein.

TORMANN Aber hab doch keine Angst, Nelly, das kommt oft vor.

ERICH Wäre es nicht gescheiter, wegzugehen?

TORMANN Wenn Sie noch eine Straßenbahn kriegen, meine geht nicht mehr.

NELLY Nein, nein, wir warten schon noch die paar Augenblicke.

URSEL *leise zu Nelly* Sind Sie noch da?

NELLY Natürlich! Spüren Sie meine Hand nicht, Fräulein?

URSEL Ja. *Sie fasst nach Nellys Hand.* Ich heiße Ursel.

ERICH *von drüben, verkrampft* Fräulein! Fräulein Ursel! Sie müssen sich nicht ängstigen, das soll sehr oft vorkommen!

URSEL Ich ängstige mich nicht.

PAUL Ist denn hier niemand? Keine Ersatzbeleuchtung?

BEAMTER *geht mit einer Lampe vorbei* Beruhigen Sie sich, meine Herrschaften, es scheint etwas mit dem Kabel nicht in Ordnung zu sein, – ein paar Augenblicke Geduld.

TORMANN *erleichtert* Hörst du, Nelly, das Kabel.

ERICH Ein Kabelbruch, Fräulein Ursel, das ist nicht schlimm.

PAUL *steckt ein Streichholz an* Na, dann jedermann seine eigene Notbeleuchtung! *Er steckt seine Pfeife an, bietet Erich und Tormann Zigaretten an.*

TORMANN *entzündet seine Zigarette an Pauls Pfeife* Danke.

ERICH Danke, ich bin Nichtraucher.

PAUL *versucht, die Mädchen aufzuheitern* Na, wie gefallen Ihnen denn die Glühwürmchen, meine Damen? Wie in einer Juninacht, was?

TORMANN *geht auf Pauls Ton ein* Wenn wir morgen vom See zurückkommen, Nelly, wird wieder der ganze Wald voll mit Leuchtkäfern sein.

NELLY Ja, ich freue mich darauf.

PAUL Wo gehen Sie denn immer hin, sonntags?

NELLY *mit dem Versuch von Heiterkeit* An die Endstation der 13. Da ist ein richtiger Laubwald, Buchen, glaub ich. Eine halbe Stunde läuft man bis zum See. Dort gibt es Moos und Sand. Kommen Sie doch mit, wenn Sie Zeit haben!

PAUL Gern. Eigentlich bin ich ja mit Freunden verabredet.

NELLY Bringen Sie sie doch mit! Sie müssen alle kommen. Auch der junge Mann mit dem grauen Anzug. Auch Sie, Fräulein Ursel, haben Sie keine Lust?

URSEL Vielleicht. *Dann ängstlich.* Ich möchte gern von hier fort.

NELLY *sofort von ihrer Angst angesteckt* Jedes Wort klingt jetzt wie ein Echo, nicht? So hohl.

URSEL Ich möchte wissen, was geschehen ist?

ERICH Sicher gar nichts. Sie müssen nur daran denken, dass alles genauso aussieht wie vorher, nur ist es eben finster.

PAUL Wollen wir nicht etwas singen? Irgendetwas recht Vergnügtes, das in die Situation passt! *Singt.* O Sonnenschein, o Sonnenschein, wie scheinst du mir ins Herz hinein!

NELLY *lacht gezwungen* Kann man im Dunkeln Violine spielen, Fräulein Ursel?

URSEL Ich glaube nicht, ich habe es nie versucht.

NELLY Versuchen Sie es doch!

ERICH Ja, bitte, Fräulein Ursel, versuchen Sie!

URSEL *nimmt die Violine aus dem Kasten, spielt unsicher ein paar Töne, lässt den Bogen sinken* Ich kann nicht.

PAUL Ich finde es sehr gemütlich. Man sitzt im Dunkeln und redet miteinander wie alte Freunde. Dabei hat man sich vor zehn Minuten noch nicht gekannt. Wollen wir nicht etwas spielen? Berühmte Männer, mit A oder mit irgendeinem anderen Buchstaben?

NELLY Wie geht denn das?

PAUL Sagen Sie leise das Alphabet, und Fräulein Ursel sagt Halt. Los!

Nelly buchstabiert unhörbar.

URSEL Halt!

NELLY Ich war bei J.

PAUL Nein, da gibt's keine, zählen Sie weiter!

URSEL Halt!

NELLY M.

PAUL Na ja. Aber wer zuerst fünf berühmte Männer mit M hat, hat gewonnen. Moltke!

Alle denken angestrengt nach.

URSEL Mozart!

PAUL Bravo, Fräulein Ursel!

ERICH Michelangelo, Manet, Millet.

PAUL Filet, meinen Sie, der ist aber mit F und kein Mann, sondern ein Beefsteak.

ERICH Das war ein französischer Maler aus dem 19. Jahrhundert.

PAUL Umso schlimmer für ihn! Also drei für Herrn ...

ERICH *ergänzt* Erich Nilius.

TORMANN Dir fällt auch nicht viel ein, was, Nelly?

NELLY Immer nur Moiret, war das ein Mann, oder ist es ein Stoff?

PAUL *stolz* Michulek.

ERICH Wer ist denn das?

PAUL Der hat mal das Sechstagerennen in Mannheim gemacht.

ERICH Den kann man doch eigentlich nicht berühmt nennen.

PAUL Na, erlauben Sie!

ERICH Conrad Ferdinand Meyer.

PAUL Schon vier, Sie machen es!

URSEL Meyerbeer.

NELLY *springt auf* Pst – – hören Sie nichts?

Alle lauschen stumm.

NELLY Da läuft einer!

TORMANN Halt! Wer ist da?!

PAUL Ich seh nichts. Ängstigen Sie doch die Damen nicht! Wie soll denn ein Mensch auf die Schienen kommen, den würde doch der nächste Zug zu Brei fahren. Wollen wir nicht weiterspielen?

Nur als Silhouette erkennbar, huscht von links ein Mann über das Geleise. Tormann springt hinunter, packt ihn an. Stummes, sekundenlanges Ringen. Der Mann reißt sich, ehe irgendjemand die Geistesgegenwart hat, sich zu rühren, los und verschwindet rechts im Stollen.

ERICH Wer war denn das?

NELLY Hans, hat er dir was getan?

Paul und Erich ziehen Tormann von den Schienen auf den Perron. Zwei U-Bahn-Beamte kommen mit Lampen aus dem Schacht von links gelaufen.

ERSTER BEAMTER Ist hier jemand vorbeigekommen?
ERICH Diesen Augenblick! Er ist durch den Schacht weitergelaufen.

Die Männer laufen nach rechts. Tormann steht einen Augenblick stumm, dann steckt er verstohlen etwas in die Tasche.

TORMANN *hält einen dritten Beamten auf, der vorbeilaufen will* Was ist denn eigentlich geschehen?
BEAMTER Jemand hat das Kabel durchgeschnitten, und wie die Bahn stehenblieb und es stockfinster war, ist er in den Wagen gesprungen und hat die Fahrgäste beraubt.
PAUL Donnerwetter! Hat er viel erwischt?
URSEL Ist jemandem etwas geschehen?
BEAMTER Sie werden nicht weiterfahren können, man hat die Stelle noch nicht gefunden, wo das Kabel durchgeschnitten ist.

Lichter im Schacht. Ein paar Männer und Frauen kommen, erregt durcheinanderschreiend, von links und bemühen sich während des Folgenden, auf den Quai zu klettern.

DICKE DAME Mein Leben lang werde ich die Augen von diesem Ungetüm nicht vergessen. Raubtieraugen! Nach meiner Hand hat er gegriffen!
EIN HERR Nach Ihrer Tasche, genauer gesagt, meine Gnädige. Sie waren ihm wahrscheinlich dabei im Wege.
DICKE DAME Ich hatte ein kostbares Andenken bei mir.

ZWEITE DAME Ein typisches Verbrechergesicht! Eine feuerrote Narbe hatte er über der Wange.

DER HERR Alle Achtung vor Ihrer Sehkraft, mein Fräulein, es war ja die ganze Zeit stockfinster.

KOMMERZIENRAT Seit Jahren bezahle ich Unfall- und Feuerversicherung, und den Agenten für Diebstahl habe ich vorige Woche hinausgeworfen!

DER HERR Die Bahn ist doch schadenersatzpflichtig.

KOMMERZIENRAT Wissen Sie das sicher?

DER HERR Selbstverständlich.

ALTER MILITÄR Das Schwein hat gezittert, wie er mir den Revolver vorgehalten hat. Pfui Teufel! Hat ganz nasse Hände gehabt. Auch noch Nerven hat so was!

ERSTER MANN Meine war grün, innen Saffianleder.

ZWEITER MANN 170 Mark, mein Monatsgehalt. Ich wollte es nicht zu Haus lassen, meine Frau spart mir nicht genug.

ERSTER BEAMTER Hier ist eine grüne Brieftasche, die hat er verloren.

ERSTER MANN *selig* Meine!

ERSTER BEAMTER Melden Sie sich nachher beim Kommissar.

ERSTER MANN Und meine? 170 Mark und meine Streckenkarte, Rudolf Lehmann!

ALTER MILITÄR An die Wand gestellt gehört so was!

ERSTER BEAMTER Bedaure.

ZWEITER BEAMTER Heute geht keine Bahn mehr, meine Herrschaften. Diejenigen, die Aussagen zu machen haben, hier hinein.

DICKE DAME Ja, kommt denn keine Polizei? Wir wollen doch Zeugen …

ERSTER BEAMTER Ist schon verständigt. Bitte alle, die Aussagen machen wollen, zwecks Angabe der Personalien hier hinein.

Beamter mit den Fahrgästen ab.

PAUL *zu Tormann* Gehen Sie nicht mit?

TORMANN Nein.

ERICH Es ist einfach unerhört! Ich verstehe das nicht. Wie kann man bloß so etwas tun? Wegen ein paar hundert Mark! Das ist doch unmoralisch!

PAUL Moral ohne Brieftasche ist nur was Halbes, da wollte er mal erst die Brieftasche.

TORMANN *verbissen* Packt mich an der Gurgel, der Hund! Du, Nelly, ich geh ihm nach, jetzt sofort.

NELLY Kannst du mich nicht nach Hause bringen?

TORMANN Dann ist er weg!

PAUL Lassen Sie doch die Polizei ihre Arbeit machen, dafür wird sie ja bezahlt.

TORMANN Ich hab keine Ruhe, bevor er gefunden ist. Sei nicht böse, Nelly! *Er läuft die Treppe hinauf.*

ERICH *wie aus einem Traum erwachend* Fräulein mit der Violine! Fräulein Ursel!

NELLY Sie ist fortgegangen.

ERICH Fortgegangen ...

PAUL Ja, jetzt heißt es zu Fuß gehen, meine Herrschaften. Wieder ein Fall, wo sich Paul Immergrün sagen muss: Mensch, wenn es sein kann, schaff dir ein Privatauto an, es schont die Nerven. Ich hab noch eine Aussage zu machen. Also auf morgen!

ERICH Wieso morgen?

PAUL Ich dachte, Fräulein Ursel wollte doch auch kommen? Es war doch Endstation der 13 ...

Dunkel.

ZWEITE SZENE

Eine verrauchte Spelunke, »Zum Tiefen Keller«. Sie liegt tiefer als das Niveau der Straße, zu welcher einige Treppenstufen hinaufführen. Ein Fenster in der Hinterwand, durch das man die Füße der Vorübergehenden sieht. Ein Schanktisch, ein Klavier. Es ist später Abend. Der Vordergrund der Bühne liegt im Dunkel, nur ein Tisch zwischen dem Schanktisch und der Tür ist erleuchtet. Gustav und Walter sitzen am Tisch, vor ihnen ausgebreitet liegen mehrere Brieftaschen, Handtäschchen, Uhren, Crayons. Walter macht Notizen in einem kleinen Buch.

GUSTAV Schwarze Brieftasche. Inhalt: 170 Mark und Streckenkarte: Rudolf Lehmann. – Damenhandtäschchen, braun, Inhalt: 50 Mark, eine Schachtel Laxigen – kann ich für die Kinder nehmen –, ein Brief vom 5. März: »Liebe Frieda, gezwungen durch die Macht des Schicksals setze ich betrübten Herzens einen Punkt unter unsere Beziehung. Was war, kann nicht mehr sein. Trage mir nichts nach, wie auch Dir nichts nachträgt Dein Friedrich.«

PAUL *kommt herein, murmelt* Guten Abend.

Er betrachtet die auf dem Tisch ausgebreiteten Gegenstände, während Gustav fortfährt:

GUSTAV Ein silberner Crayon ...

WALTER Was ist denn das? Dafür hab ich keine Chiffre.

PAUL Eine Art Bleistift.

WALTER Warum sagt er dann nicht gleich Bleistift?

GUSTAV Drei Zigaretten, ein Reißnagel, eine Mark fünfzig. Hier das gute Stück: Brieftasche mit Visitenkarte: Kommerzienrat Alphons Golfinger; fünfhundert Mark.

PAUL Wie viel?

GUSTAV Fünfhundert.

PAUL Das hab ich mir doch gedacht!

GUSTAV Wieso?

PAUL Angegeben hat er tausend, das hab ich selbst gehört.

GUSTAV Sieh mal an, Herr Kommerzienrat will die Versicherung um fünfhundert Mark beschwindeln.

PAUL Wird er nicht kriegen. Aber für die falsche Aussage wird er uns noch 200 Mark abgeben.

WALTER *hat inzwischen die Posten leise addiert* 180 plus 300 plus 1,50 … 50 Mark hab ich Karl gelassen.

PAUL Warum ist er denn nicht hier?

WALTER Er wollte um keinen Preis mitkommen. Er war halb verrückt. Die Hand hat er sich auch verletzt. Er ist viel zu nervös. Man hätte dreimal so viel machen können.

GUSTAV Aller Anfang ist schwer.

PAUL Ich hätte ihn gern gesprochen. Hoffentlich macht er keinen Unsinn. *Er sieht über Walters Schulter.* Schreib ordentlich! Nie wirst du anständige Buchführung lernen! Datum ist auch keines da, und kein Rand!

Man hört Frau Thereses Stimme aus dem Nebenzimmer.

THERESE Gustav, mach bald Schluss, ich will ins Bett gehen!

GUSTAV Leg dich ruhig hin, Therese!

THERESE Es ist frisch bezogen. Da geht man zugleich schlafen.

Lieschen kommt von der Straße herein. Gustav schlägt hastig das Tischtuch zusammen.

LIESCHEN Ich hab mir gedacht, dass ihr noch hier seid.
WALTER Was verschafft uns die Ehre?
LIESCHEN Zahlt mir ein Bier!
WALTER Gustav, du sollst Lieschen ein Bier zahlen!
GUSTAV Hab ich gar nicht gehört.
PAUL Ein Bier für das Fräulein!
GUSTAV Bezahlung?
PAUL Natürlich!

Gustav schenkt Bier aus.

LIESCHEN Zwischen Paul Immergrün und euch, da ist ein Unterschied wie zwischen – – ich weiß nicht wie zwischen was.
WALTER Warum bist du denn böse, Lieschen?
LIESCHEN Mh ...
WALTER Na, sag's schon, dazu bist du doch hergekommen.
LIESCHEN Gar nicht. Ich wollte Bier. Karl ist heute mit Mariechen gegangen.
PAUL Heute?
LIESCHEN Ja eben! Wo ich ihn sogar heiraten wollte!

Walter lacht.

LIESCHEN *sieht ihn wütend an* Ich hab mich ihm geopfert. Dreimal in der Woche! Nie hat er Geld gehabt. Jetzt trinken sie Sekt! Ich hab sie auf der Treppe getroffen. Er war ohne Schlips. Er hat nichts gesagt. Aber er hat eine Flasche Sekt getragen. Die andere Hand war verbunden, die hat er um ihre Schulter gelegt. Und dann hab ich ihm meine Meinung gesagt: Schweinekerl, wollte ich sagen, aber der ...kerl ist mir schon im Mund stecken geblieben. Der hat mich angeschaut wie der Hund von meinem Onkel, wie sie den Onkel weggetragen haben. Der Bello ist dann auch gestorben.

GUSTAV Woher weißt du denn, dass er Geld hat?

LIESCHEN Ich war in der Nähe der Tür. Ich habe ... da hab ich – – zugehört hab ich, warum denn auch nicht? Das kannst du behalten, hat er gesagt. Mariechen hat gesagt: So viel Geld? Wisst ihr vielleicht, woher er's hat?

WALTER Vielleicht geerbt?

THERESE *kommt in diesem Augenblick aus dem Nebenzimmer* Halt die Herren nicht auf! Komm einmal herein!

Lieschen geht gehorsam mit Frau Therese hinein.

PAUL Wenn er betrunken ist und dem Mädel alles erzählt?

GUSTAV Wird er nicht.

WALTER Kannst du nicht wissen. Das Fleisch ist schwach.

PAUL Lasst jedenfalls jetzt die Sachen verschwinden.

GUSTAV Ich hätte mir gern die Brieftasche vom Herrn Kommerzienrat für Sonntag – –

PAUL Meinetwegen. Aber die Visitenkarte gib her!

GUSTAV Ich werd es über Nacht einschließen.

Gustav nimmt das Tischtuch samt den darin eingeschlagenen Gegenständen und geht damit ins Nebenzimmer.

LIESCHEN *kommt zurück* Ich krieg schon noch heraus, woher er das Geld hat.

Lieschen geht die Treppe hinauf. In diesem Moment kommt Tormann in die Kneipe. Lieschen bleibt stehen und hört zu, was gesprochen wird.

TORMANN Guten Abend.

PAUL Merkwürdiger Zufall, dass wir uns heute noch einmal treffen! Verkehren Sie hier im Lokal?

TORMANN Ich bin hinter dem Mann her, ich hab seine Spur. War hier ein mittelgroßer Mann mit braunem Haar? Er trägt keinen Schlips!

PAUL Woher wissen Sie denn das?

TORMANN Ich hab ihn festgehalten in der Bahn. Ich hab ihm den Schlips abgerissen. Hier! *Er zieht den Schlips aus der Tasche.* Ich bin die Straße entlanggegangen, hab jeden nach ihm gefragt, verschwinden kann man nicht. Ich hab gewusst, er ist kleiner als ich und nicht breit. Ich hab ihn ja zwischen den Fingern gehabt. Und es war spät. Die Straßen draußen sind leer um die Zeit.

PAUL Sie haben ihn gesehen?

TORMANN Ich nicht, aber die Abortfrau an der U-Bahn. Er war mit einem Zweiten. Lang war er drin, hat sich gewaschen. Sie hat sich's genau gemerkt. Weil schwere Zeiten sind, hat sie gesagt. Kaum zwei kommen in einer Nacht. Sie tun's im Freien. Er hat sich gewaschen, während der andere auf und ab lief. Ich hab dann alles durchsucht. Ein blutiges Taschentuch hab ich gefunden. Er hat sich an der Hand verletzt, sagt die Frau.

WALTER Das kann doch von einer Rauferei gewesen sein. Vielleicht war es ein Betrunkener.

TORMANN Wie er fort ist und die zehn Pfennige zahlen sollte, hat er der Frau einen Fünfzigmarkschein hingereicht. Sie musste in drei Kneipen gehen, bis sie ihn wechseln konnte.

LIESCHEN Und was war dann?

Während der letzten Worte ist Frau Therese ins Zimmer gekommen, geht auf Lieschen zu, packt sie am Arm.

THERESE Beeil dich, man wartet auf dich!

Sie schiebt Lieschen bei der Tür hinaus, schließt hinter ihr zu und wendet sich zu Tormann.

THERESE Entschuldigen Sie, dass das Mädchen Sie belästigt hat. Sie hat keine Lebensart. Noch einen Schnaps?

TORMANN Die Frau hat die beiden von einer Kneipe sprechen gehört. Irgendetwas mit »Keller«. Ich war in allen Lokalen der Gegend. Man hat mich hierhergeschickt.

WALTER Wahrscheinlich, weil das Lokal zufällig »Zum tiefen Keller« heißt.

GUSTAV Hier war niemand.

PAUL Sagen Sie mir eins, Herr Tormann, mich interessiert das, warum regen Sie sich über die Sache so auf? So etwas passiert doch jeden Tag zehnmal! Und Sie gehen deswegen die ganze Nacht nicht ins Bett?

TORMANN Ich bin dabei gewesen. Ich hab den Mann zwischen den Fingern gehabt. Das geht mich anders an wie etwas aus der Zeitung. Ich kann Ihnen das nicht so erklären, aber ich werde keine Ruhe haben, bis ich ihn gefunden hab.

PAUL Wahrscheinlich lesen Sie viel Detektivromane. Ich lese nur gute Literatur.

TORMANN Manchmal. Ich hab ja nicht viel Zeit dazu. Ich hab mir schon oft gedacht, was ich täte, wenn ich dabei wäre, wenn ein Verbrechen geschieht.

PAUL Das ist alles ganz anders als in den Büchern, Herr Tormann. Übrigens hätten Sie die Sache mit dem Schlips der Polizei melden müssen.

TORMANN Ich werde ihn allein finden, ohne Polizei.

THERESE Jetzt ist hier Sperrstunde, meine Herren. Wenn Sie sich noch etwas zu erzählen haben, dann tun Sie's auf der Straße. Dort sperrt man die ganze Nacht nicht, und oben scheint der Mond und kostet nichts. *Zu Tormann.* Übrigens, wie ich vorhin an dem Bretterzaun vorbeigegangen bin mit dem Hund, da hab ich durch ein Astloch einen Mann gesehen, der ist auf dem Boden gelegen und hat geschlafen. Er hatte eine verbundene Hand.

TORMANN Das muss er sein! Bitte sagen Sie mir genau, wo das war.

THERESE Wenn Sie hier hinausgehen, dann die erste Straße nach rechts, dann geradeaus, so stoßen Sie direkt auf den Zaun.

TORMANN Vielen Dank. Guten Abend.

PAUL Wir sehen uns sehr bald, Herr Tormann!

Tormann ab.

GUSTAV Ist denn dort ein Zaun, Therese?

THERESE Wir haben ja auch keinen Hund. Und wenn wir einen hätten, so wär ich nicht mit ihm weggegangen, sondern du.

GUSTAV Ich versteh nicht, warum der sich so aufregt.

WALTER Wenn mir nichts gestohlen wird, gibt's für mich auch keinen Dieb.

PAUL Ich hab gern Kerls, die Schaum vor dem Mund haben.

WALTER Der kann unangenehm werden, wenn man ihm nicht auf die Finger sieht.

PAUL Man wird ihm auf die Finger sehen.
GUSTAV Weißt du denn, wo man ihn finden kann?
PAUL Ich weiß, wo er arbeitet, ich weiß, wer seine Braut ist, und ich weiß, wo er sonntags hinfährt. Wir werden ihm morgen einen Besuch machen.

Frau Therese macht die Lichter aus.

Dunkel.

DRITTE SZENE

Bevor das dritte Bild hell wird, sieht man an der Rampe den Wurstmax mit seinem Wägelchen und hört ihn singen.

WURSTMAX

Bei der Liebe soll man essen
Und auch trinken nicht vergessen.
Wenn der Mensch sich nicht ernährt,
Geht die Liebe auch verkehrt,
Denn, das braucht man nicht zu sagen,
Wahre Lieb' geht durch den Magen.

Er spielt auf einer Mundharmonika ein paar Akkorde.

WURSTMAX Darum, meine Herren, kaufen Sie Ihren Damen Pralinen und Eiswaffeln, darum, meine Damen, kaufen Sie Ihren Herren Gemählern und Bräutigamen Zigarren und Zigaretten in jeder Preislage!

Der Wurstmax tritt in die Dekoration des dritten Bildes.

Das Ufer eines kleinen Sees in der Nähe der Stadt: die typische Großstadt-Sonntagszuflucht. Waldboden, mit Papierfetzen bedeckt, ein paar staubige Bäume. Am Ufer entlang, sodass der See nicht sichtbar wird, Zelte. Tormann hämmert auf ein Boot los, das über zwei Schragen gelegt ist. Nelly steht bei ihm.

TORMANN Möchtest du etwas haben, Nelly?
NELLY Danke, höchstens ein paar Pfefferminz. Und du?
TORMANN Nein.

Er reicht dem Wurstmax etwas Geld; der gibt Nelly die Pfefferminz.

WURSTMAX Schöner Tag!
NELLY *steckt ein Pfefferminz in den Mund* Herrlich!
WURSTMAX Wächst das Boot?
TORMANN Langsam. In der Mitte muss man alle Bretter herausnehmen. Alles verfault.
NELLY Du kannst nicht mehr verlangen für das Geld, das wir bezahlt haben.

Vor einem Zelt, das im Vordergrund steht, sitzt Herr Lachmann und löst ein Kreuzworträtsel. Seine Frau, sehr schlampig, mit offener Bluse und ungekämmtem Haar, starrt vor sich hin. Beide kümmern sich um nichts, was in der Umgebung vorgeht.

LACHMANN Weißt du einen südlichen Baum auf »us«?

Frau Lachmann gibt keine Antwort.

WURSTMAX Schokolade, Konfitüren ...

Lachmann sieht ihn einen Moment an. Der Wurstmax geht achselzuckend weiter.

ERICH *liegt lang ausgestreckt unter einem Baum, richtet sich jetzt auf* Eine Schachtel Memphis! *Er sieht sich nach allen Seiten nervös um, lässt sich wieder ins Gras fallen.*
NELLY Sie wird vielleicht noch kommen.

Erich gibt keine Antwort, bläst Rauchringe in die Luft.

NELLY Hans, wenn du fleißig bist, wie lange brauchst du dann noch, bis wir das erste Mal Boot fahren können?

TORMANN Sieben oder acht Sonntage, Nelly.

NELLY Das ist ja Ende September! Dann kann man höchstens noch drei- oder viermal fahren.

TORMANN Zeit müsste man haben, ein paar Tage hintereinander dabeibleiben können, dann könnten wir nächste Woche miteinander losfahren.

NELLY Du, ich borge mir einen Hammer von Lachmanns aus, da kann ich mithelfen. *Sie geht zu dem Zelt, wo nach wie vor der Mann Kreuzworträtsel löst, die Frau vor sich hinstarrt.* Herr Lachmann, können Sie mir bitte einen Hammer borgen?

Lachmann liest erst noch einen Moment weiter, fasst dann erst auf, was von ihm verlangt wird, und will sich erheben, um ins Zelt zu gehen.

FRAU LACHMANN *schreit* Wir brauchen unseren Hammer für uns! Uns borgt auch keiner was. Sonntagsbesucher, kommen hierher in die Sommerfrische, zum Vergnügen! Wir sind hier, jeden Tag, jede Nacht, immer!

NELLY *ruhig* Es ist schön hier, Frau Lachmann, so gute Luft. Ich wäre lieber hier als im Warenhaus.

FRAU LACHMANN Erst mal vier Wochen versuchen.

LACHMANN *bleibt bei der Zeitung sitzen* Das Fräulein kann ja nichts dafür, dass ich keine Arbeit habe. Sie wissen keiner einen südlichen Baum auf »us«?

ERICH Vielleicht Eukalyptus?

LACHMANN Danke, danke! Ja – Eukalyptus!

Nelly geht zurück zu Tormann, der während des Folgenden seine Arbeit fortsetzt, aber zerstreut und nachdenklich ist.

TORMANN Es geht heute nicht vorwärts, Nelly, ich muss immerfort an gestern denken.

NELLY Ich auch.

URSEL *kommt von rechts, ruft* Guten Tag!

Erich springt auf.

NELLY Schön, dass Sie da sind!

ERICH Ich hab es nicht mehr geglaubt.

URSEL Ich bin erst gegen Morgen eingeschlafen, und als ich erwachte, war es zwölf.

NELLY Sie waren ja gestern ganz plötzlich verschwunden.

ERICH Ich hatte Angst, dass ich Sie nie wiederfinde.

NELLY Sind Sie hungrig?

URSEL Ja, furchtbar hungrig! Aber ich habe Brote mit.

NELLY Wir auch, und Kaffee! *Sie breitet auf der Wiese ein Tuch aus und stellt Tassen darauf.*

ERICH Meine Mutter hat mir Kuchen mitgegeben.

NELLY Das ist ja wunderbar!

Sie setzen sich ins Gras um das Tischtuch.

URSEL Man kann sich das von gestern Abend gar nicht mehr vorstellen. Es scheint einem jetzt unbegreiflich in der Sonne.

TORMANN Es muss jemand gewesen sein, der ganz genau Bescheid gewusst hat, der den Schacht genau kennt.

NELLY Denk nicht immerfort dran, Hans, trink deinen Kaffee!

TORMANN So ein Mann ist ein Schädling. Wer sich so was ausdenken kann und es tut, ist ein gemeiner Verbrecher. So was könnte jedem von uns passieren, der abends von der Arbeit müde nach Hause fährt mit seinem bisschen Geld in der Tasche.

ERICH Ich möchte wissen, wie es in einem solchen Menschen aussieht.

Sie essen und trinken. Frau Lachmann starrt gierig auf den Kaffee. Herr Lachmann lässt das Kreuzworträtsel sinken und blickt auch hinüber.

NELLY Kommen Sie doch auch herüber! Es ist genug da.

Frau Lachmann steht auf, streicht sich das Haar glatt, setzt sich hin und beginnt stumm Kuchen und Brot in den Mund zu stopfen.

LACHMANN Danke sehr!

Paul Immergrün, Gustav, Frau Therese und Walter, der ein Kind an der Hand zieht, kommen durch den Wald. Frieda und Fritzchen, die beiden älteren Kinder, laufen vor ihnen her. Frau Therese ist erhitzt und streicht sich mit dem dicken Arm die Haare aus der Stirn.

THERESE Wozu schleppst du einen bei der Hitze hierher, Gustav? Spazieren geht man im Frühling und im Herbst. Im Sommer bleibt man auf dem Balkon, im Winter zu Hause.

GUSTAV Paul meinte doch ... Und es wird dir auch guttun, Therese!

THERESE Seit wann weißt du, was mir guttut?

FRITZCHEN *schreit* Mama, sie tritt auf mich!

FRIEDA Ist nicht wahr, er hat zuerst!

THERESE Vertragt euch, sonst kriegt ihr beide Prügel!

PAUL *ist auf die Übrigen zugegangen, schüttelt ihnen die Hand* Guten Morgen, meine Herrschaften. Ich hab, wie Sie sehen, von Ihrer Einladung Gebrauch gemacht und habe mir gestattet, meine beiden Kollegen mitzubringen, mit denen ich immer sonntags zusammen bin ... Frau Therese und die lieben Kinderchen …

Sie schütteln sich die Hände.

URSEL Das ist nett, dass Sie gekommen sind!
NELLY Je mehr, desto lustiger!
TORMANN *reicht Walter die Hand* Wir kennen uns schon.
WALTER Haben Sie den Mann gestern Abend gefunden?
TORMANN Nein.
PAUL Wir waren nämlich auch noch bei dem Zaun, aber er war nicht mehr da.
TORMANN Ich hab auch keinen Zaun gesehen.
WALTER Da sind Sie wohl falsch gegangen.
NELLY Wollen Sie sich nicht setzen?

Frau Therese hat sich mit den Kindern niedergesetzt. Die Kinder stopfen, was sie erwischen können, in den Mund. Nelly und Ursel packen aus, was Paul mitgebracht hat.

NELLY Sie sind wohl Millionär! So ein Leichtsinn!
PAUL Ich habe eben ein Geschäft abgeschlossen.
LACHMANN Darf ich fragen, was Sie für einen Beruf haben?
PAUL Ich bin Agent; im weitesten Sinne.
LACHMANN Ich für Hosenträger. Die Firma ging pleite. Darf ich fragen, was Sie machen?
PAUL Verschiedenes. Zum Beispiel, ich lese sehr aufmerksam die Zeitung. Da steht letzten Dienstag: Älterer Herr sucht starke Dame zwecks Gedankenaustausch, mit Adresse. Ich gehe hin und mach ihm klar, dass er gar nicht die nötige Bildung hat für den Ge-

dankenaustausch mit einer Dame. Ich habe ihm die Gesamtausgabe von Schopenhauer verkauft. Zehn Prozent Umsatzbeteiligung – fünfzig Mark von dem alten Herrn für zwei Adressen – eine runde Sache.

NELLY Verzeihen Sie, aber das scheint mir keine ganz saubere Sache zu sein.

LACHMANN Und dann steht so was doch nicht immer in der Zeitung. *Er vertieft sich immer weiter in seine Zeitungslektüre.*

ERICH *hat versunken neben Ursel gesessen und kaum gegessen* Haben Sie eigentlich einen Beruf, Fräulein Ursel?

URSEL Ich gebe Violinstunden. Sehr wenige, leider. Ich müsste verdienen, ich stehe allein. – Und Sie?

ERICH Ich lebe mit meiner Mutter. Wir haben zwei Zimmer an einen sehr feinen Herrn vermietet. Ich war Lektor in einem Kunstverlag, der Jüngste. Vor zwei Monaten hab ich die Stellung verloren. Ich habe Kunstgeschichte studiert.

URSEL Auch ich muss etwas finden, unbedingt, meinetwegen spiel ich zum Tanz auf.

ERICH Das würden Sie doch nicht tun!

URSEL Warum nicht?

PAUL Na, so etwas wird sich doch finden, Fräulein; dazu kann ich Ihnen sicher verhelfen. Eine begabte junge Dame wie Sie!

URSEL Sie haben mich doch noch gar nicht spielen gehört!

PAUL So was spürt Paul Immergrün. Das machen wir!

URSEL Wirklich? Ich wäre sehr glücklich!

Frau Therese fächelt sich, gibt rechts und links den Kindern, die sich um Kuchen balgen, Klapse.

LACHMANN *fährt erregt auf* Da! Fünfhundert Mark setzt die Polizei als Belohnung für denjenigen aus, der entsprechende Angaben zur Ergreifung jenes Mannes machen kann, der gestern zwischen elf und zwölf Uhr einen frechen Raub bei der U-Bahn-Station Nordbrunnen verübt hat. So ein Glück müsste man einmal im Leben haben, dass man da was wüsste!

Alle beugen sich über die Zeitung.

NELLY Das ist ja der Mann von gestern! Hast du gehört, Hans?

URSEL Da waren wir ja dabei! Da haben wir uns ja kennengelernt!

LACHMANN Ja, da könnten Sie vielleicht ... *in die Zeitung blickend* Angaben machen, da könnten Sie ja vielleicht das viele Geld verdienen!

PAUL Mich interessiert die Sache nicht. Ich mach meine Geschäfte nur mit Leuten, die es sich leisten können. Spitzeldienste für die Polizei, das lockt mich nicht!

ERICH Da bin ich nicht Ihrer Meinung. Man ist es doch der Gesellschaft schuldig, so ein Individuum unschädlich zu machen. Wenn ich etwas wüsste, würde ich es sofort angeben.

WALTER *hutscht das Kind, das er die ganze Zeit gehalten hat, sagt träumerisch* Das ist ja allerhand Geld!

LACHMANN So ein Glück müsste man einmal im Leben haben!

PAUL Wozu regen wir uns auf, meine Herrschaften? Wir wissen ja nichts.

TORMANN *steht auf* Ich hab keinen Hunger mehr. Entschuldigen Sie, ich möchte mein Boot weitermachen.

PAUL Bitte, bitte!

Die Kinder springen auf.

FRIEDA *zerrt Frau Therese am Arm* Wir wollen zum See gehen!

THERESE Am helllichten Tag? Im Freien ausziehen?

PAUL Warum denn so neidisch, Frau Therese? Sie sind doch eine moderne Frau!

THERESE Sie sind ein Mann ohne Anstand, Herr Immergrün! Was der Mensch tut, wenn die Vorhänge unten sind, ist auch anständig, aber im Freien stößt es an. Und nach so was hat man seinen jüngsten Sohn genannt!

FRITZ Wir wollen baden!

GUSTAV Die Füße, Therese, nach dem Marsch! Das erfrischt.

THERESE Füße – das geht. Walter, halten Sie inzwischen den kleinen Paul!

Frau Therese geht mit den Kindern zum See.

WALTER Ich möchte mich gerne ausziehen. Wo soll ich denn das Kind lassen?

GUSTAV *entkleidet sich hinter einer Hecke, reicht ihm sein Hemd* Leg es auf mein Oberhemd. Innen ist es noch sauber.

Walter legt das Kind auf das Hemd, zieht seinen Rock aus, stülpt die Hosenbeine hoch, legt Krawatte und Kragen ab. Die beiden gehen zum Seeufer hinunter. Die Bühne ist jetzt leer bis auf die beiden Paare.

NELLY Du kommst heute nicht weiter, Hans. Du sprichst ja gar nicht, du bist so verärgert!

TORMANN Ich bin müde, Nelly. Ich hab die ganze Nacht nach dem Mann gesucht, von Spelunke zu Spelunke: ich hab ihn nicht gefunden.

NELLY Das ist doch auch nicht deine Sache, Hans. Verdirb dir doch nicht den Sonntag damit, wir müssen beide die ganze Woche davon leben.

TORMANN Bis vier Uhr früh hab ich ihn gesucht.

NELLY Warum bist du nicht lieber bei mir geblieben?

Erich und Ursel sind auf der anderen Seite, die beiden Paare kümmern sich gar nicht umeinander, und doch muss die Doppelszene, die jetzt folgt, als Einheit wirken.

ERICH Gott sei Dank, dass wir einen Augenblick allein sind! Es sind so furchtbar viele Menschen ... Ich hab Ihnen etwas zu sagen, Fräulein Ursel, ich weiß nicht, wie ich anfangen soll.

URSEL Haben Sie sich das eigentlich schon überlegt? Ohne das Schreckliche gestern Abend hätten wir uns wahrscheinlich nie kennengelernt. Ihre U-Bahn wäre gekommen und meine, und wir wären nach verschiedenen Seiten fortgefahren.

Ursel lächelt; er fasst ihre Hände. Sie sind still, während Tormann spricht.

TORMANN Nelly, ich sag es dir gar nicht oft genug, wie gut es ist, dass du da bist. Immer wenn ich müde bin und schlecht gelaunt, und sonst auch.

NELLY Wenn man drei Jahre beieinander ist, dann weiß man doch schon alles voneinander, auch wenn man es nicht sagt.

TORMANN Das ist doch das Gute für einen Menschen, der arbeitet. Man muss nicht herumsuchen, man weiß, wo man hingehört, sowie man abends nach Hause geht.

Sie schweigen.

ERICH Wissen Sie, Ursel, das Wunderbare ist, dass man sich noch gar nicht kennt, dass man alles noch erraten muss, suchen, dass noch nichts da ist.

URSEL Dass man alles noch vor sich hat.

ERICH Das Ungewisse, die Spannung, das ist das Herrliche!

TORMANN Da muss man keine Geschichten machen, kann reden von Hühneraugen und Ärger und Arbeit, und weiß: wie man ist, hat einer einen gern.

ERICH Wenn man jemanden liebt, dann macht man sich schön für ihn, dann will man jeden Tag neu sein. Das ist wie ein ewiger Feiertag.

Sie schweigen.

TORMANN Nelly, wenn es halbwegs so weitergeht mit meiner Arbeit, möchte ich, dass du im Warenhaus kündigst. Ich will nicht, dass du den ganzen Tag in der Stickluft bist. Wir heiraten zu Weihnachten, und du bleibst zu Hause.

NELLY Ich hab es mir schon immer gewünscht, und jetzt besonders, wo es schon fast sicher ist mit dem Kind.

TORMANN Kannst du dich nicht irren, Nelly?

NELLY Ich glaube es nicht, Hans, und ich bin auch froh!

ERICH Sie müssen meine Mutter kennenlernen und meine Sammlungen! Machen Sie sich was aus Bildern?

URSEL Sehr! Ich werde Ihnen Violine vorspielen. Machen Sie sich etwas aus Musik?

ERICH Sehr!

TORMANN Vielleicht bekomme ich Gehaltserhöhung. Und wenn ich den Dieb finde, fünfhundert Mark ... Das ist die Wohnungseinrichtung.

NELLY Nein, Hans, jetzt müssen wir für das Kind sparen. Da brauche ich einen Wagen und Windeln und Kissen und ein Bett.

THERESE *kommt mit Walter empört nach vorn* Ein Kind ist kein Osterei, das legt man nicht ins Gebüsch!

WALTER Es liegt im Gras.

THERESE Damit es die Ameisen fressen! Sie Lustmörder!

Frau Therese packt das Kind und rauscht, vom zerknirschten Walter gefolgt, wieder zum See hinunter. Die beiden Paare, versunken, haben den Zwischenfall kaum bemerkt.

ERICH Es ist vielleicht ein Verbrechen, dass ich so zu Ihnen spreche, – ich habe keine Stellung und weiß auch nicht, ob ich eine finden werde. Ich habe auch keine Ellbogen, um mich durchzuboxen. Und alles, was man sieht, ist so bedrückend und chaotisch.

URSEL Und da wollen Sie auch noch hergeben, was einem keiner nehmen kann? – Ich nicht.

Am Ende der Szene: Quietschen und Lachen badender Leute. Paul kommt vom See herauf, schlendert zu Tormann, bleibt vor ihm stehen.

PAUL Es ist wirklich schön hier. Vertreibt die düsteren Gedanken! Schöner als in der Nacht nach Verbrechern jagen!

NELLY Da haben Sie Recht!

PAUL Nicht wahr, Fräulein Nelly! *Zu Tormann.* Sie haben doch auch heute Nacht alles getan, was möglich war. Haben Sie noch irgendetwas entdeckt?

TORMANN Nein.

PAUL Geben Sie es auf, Tormann! Das ist nichts für Sie. Oder reizt Sie die Belohnung so sehr?

TORMANN Darum handelt es sich nicht. Ich hab mein Auskommen. Aber ich lass nicht so leicht etwas gehen, was ich mir vorgenommen hab.

PAUL Was wollen Sie tun?

TORMANN Ich möchte nicht drüber sprechen, bevor ich weiß, ob es zu etwas führt.

NELLY *die bemerkt, dass Tormann ablenken will* Haben Sie eigentlich unser Boot gesehen, Herr Immergrün? Wir arbeiten jeden Sonntag dran, während der Woche steht es in der Hütte.

PAUL Es wäre schön, wenn Herr Tormann mehr Zeit dazu hätte.

NELLY Die Arbeit geht vor.

Ein Zug von Leuten kommt vom See herauf, halb angekleidet, in Bademänteln, Schwimmtrikots.

NELLY Was ist denn das?

PAUL Ich hab alle Leute hierher eingeladen. Sie sitzen da verstreut am See herum und langweilen sich. So was kann mich ärgern. Sie haben doch nichts dagegen? Bei mir muss es Spaß geben und Betrieb, sonst ist es kein Sonntag! Es ist Ihnen doch recht?

NELLY Natürlich!

PAUL Nicht aneinander anklammern, meine Damen! Liebe ist ein Wintersport! Bitte gruppieren Sie sich zwanglos! Es beginnt die Wahl der Miss Möritzsee. Schlagen Sie die Beine übereinander oder auseinander, alles ist erlaubt, nur kein betrübtes Gesicht!

Die Frauen kämmen sich das Haar, machen sich verstohlen zurecht, pudern sich die Nase.

FRAU LACHMANN Können Sie mir mal den Puder borgen, Fräulein?

Ein Mädchen reicht ihr die Puderdose, sie pudert sich ungeschickt.

LACHMANN Wo du dich nicht mal mit Seife wäschst, seit wir hier sind!

PAUL Heute ist eben Sonntag, und Sonntag, da ist alles anders. Wenn man sonst in der Stadt ist, fährt man aufs Land, und wenn man sonst auf dem Land ist, fährt man in die Stadt; und wenn man sonst zu Hause zu Mittag isst, isst man im Gasthaus, und wenn man sonst im Gasthaus isst, isst man zu Hause, – warum? Weil Sonntag ist!

Der Wurstmax begleitet mit seiner Harmonika Pauls Rede, die immer mehr eine Art improvisiertes Lied wird, an dem sich alle beteiligen.

NELLY Und wenn man sonst keinen Kragen hat, am Sonntag macht man ihn um, und wenn man werktags einen Kragen tragen muss, macht man ihn sonntags ab, – warum?

ALLE Weil Sonntag ist!

PAUL Frau Therese, die sich wochentags plagt, badet sich heute die Füße, und Paul Immergrün isst sonst mittags warm, und heute isst er aus der Tüte, – weil Sonntag ist!

NELLY *übermütig* Und ich verkaufe heute keine Schlipse, –

URSEL Und ich spiel nicht Violine, –
TORMANN Und ich geh heute nicht auf den Bau, –
ALLE Weil Sonntag ist!

Ein Kind schreit, eine Frau will fortlaufen.

DIE FRAU August weint!
PAUL Da lassen Sie August heute mal weinen!
ALLE Weil Sonntag ist!
PAUL Und sonntags ist es anders als sonst, da hast du Zeit, und die Zeit ist deine, und du tust damit, was du willst, – weil Sonntag ist!

Dunkel.
Der Leierkasten spielt weiter. Das Geräusch geht über in den Arbeitslärm der nächsten Szene.

VIERTE SZENE

Straße mit Neubau. Links ein großes Baugerüst, das sich quer über den ganzen Vordergrund der Bühne hinzieht. Leitern, Eimer, Kräne in Bewegung. In einem Gebäude rechts der Eingang zu einem Versatzamt, davor eine Schlange wartender Leute, durch das Baugerüst wie durch ein Gitter zu sehen. Die Kulisse braucht nicht naturalistisch zu sein, muss aber die Suggestion wirklicher Arbeit geben. Schubkarren kommen, werden ausgeleert und wieder fortgefahren. Ständige Bewegung von Karren und Kränen.

EIN MANN *von unten* Tormann! Wo ist denn Tormann?
ARBEITER *vom Gerüst* Hier oben!
DER MANN Wo soll man denn den Sand abladen, Tormann?
TORMANN Beim Haupteingang. Wir brauchen heute keinen.
DER MANN Und die Bretter für die neuen Gerüste?
TORMANN Beim neuen Schuppen.

Der Mann geht über den Bauplatz fort. Tormann ist vom Gerüst heruntergestiegen und steigt jetzt wieder hinauf, wo ein paar Männer arbeiten. Einer sitzt und isst seine Stulle.

TORMANN Es ist noch keine Pause, Gottlieb.
GOTTLIEB Warum soll man sich das Leben hier nicht wenigstens bequem machen?
TORMANN Man wird für seine Arbeit bezahlt, darum macht man sie auch ordentlich.
GOTTLIEB Und wenn man nicht bezahlt wird?
TORMANN Wieso?
GOTTLIEB Man hört so dies und das.

TORMANN Bei uns ist alles in Ordnung. Man soll es nicht auf andere schieben, wenn man arbeitsscheu ist.

GOTTLIEB Der Bau ist deine Braut, was? Würdest ja am liebsten gar nicht mehr heruntergehen!

TORMANN Wer sich für seine Arbeit zahlen lässt und nichts tut, ist auch ein Dieb.

Gottlieb sieht ihn giftig an, antwortet nicht. Die Arbeit geht während der ganzen Szene weiter.

ARBEITER Ärger dich nicht über ihn, Tormann, der Gottlieb hätte in Spanien auf die Welt kommen sollen, wo man das ganze Jahr in der Sonne liegen kann und einem die Apfelsinen in den Mund fallen.

JUNGER ARBEITER *übermütig* Tormann, da unten steht ein Mann ohne Schlips, das ist der Verbrecher!

TORMANN Wo denn?

JUNGER ARBEITER Der Polizist vor dem Versatzamt!

ARBEITER Der gibt Acht, dass die Leute nicht vorher stehlen, was sie nachher versetzen wollen.

TORMANN Ist auch nicht leicht für die.

ARBEITER Wer was versetzen kann, hat doch noch was.

Währenddessen immerfort Arbeit und die dazugehörigen Geräusche.

TORMANN Wir wollen jetzt Pause machen.

ARBEITER *beugt sich hinunter* Hallo, sag doch dem Jungen aus der Kneipe, er soll Bier herüberbringen!

EIN MANN *von unten* Tormann, der Sand ist abgeladen. Die Fahrer wollen Bescheid haben!

TORMANN *ruft* Ich komme herunter. Da kann ich euch gleich das Bier heraufschicken. *Er klettert die Leiter herunter.*

Die Arbeiter packen ihre Stullen aus und essen.

GOTTLIEB Alles schmeckt nach Sand, was man frisst.

ERSTER ARBEITER Dir scheint's ja nichts zu machen, denn du frisst immerfort.

ZWEITER ARBEITER Ich möchte mir im Frühjahr eine Laube kaufen. Ich habe was in Aussicht, ganz billig, kleines Häuschen, ein paar Meter Grund.

ERSTER ARBEITER Ich spare auf ein Motorrad, meine Frau auf ein Kind.

ZWEITER ARBEITER Dann pass nur mal auf, dass du ihr kein Motorrad machst!

EIN JUNGE *von unten* Das Bier!

Die Bierflaschen werden unten an einer Winde befestigt und heraufgezogen. Während dieses Vorgangs, der alle Aufmerksamkeit in Anspruch nimmt, kommen vor dem Versatzamt, dadurch dass ein paar Leute hineingehen, Erichs Mutter, Frau Nilius und Herr Direktor Henschke in den Vordergrund.

SCHUTZMANN Nicht drängen, bitte! Halt!

FRAU NILIUS Das ist ja wie im Krieg, Herr Direktor!

HENSCHKE Wollen wir nicht lieber fortgehen, Frau Nilius?

FRAU NILIUS Ich kann doch nicht wieder fortgehen.

Sie warten stumm.

Tormann klettert wieder hinauf zu seinen Kameraden.

ERSTER ARBEITER Iss was, Tormann!

TORMANN Ich bin nicht hungrig. Hast du eine Zigarette?

ERSTER ARBEITER *reicht ihm eine* Ich würde an deiner Stelle wieder mal ordentlich schlafen und nicht die Nächte einem fremden Lumpen nachlaufen, wenn man um sechs aufstehen muss.

TORMANN Ich werd noch genug schlafen, wenn ich ihn habe.

Vor dem Versatzamt.

HENSCHKE Haben Sie sich nicht zu viel zugemutet, Gnädigste?

FRAU NILIUS Es kann ja jetzt nicht mehr lange dauern.

Auf dem Bau.

ERSTER ARBEITER Hast du denn irgendeine Spur?

TORMANN Ja, ich weiß, wo ich ihn suchen muss, ich weiß, wie er aussieht und wo er sich herumtreibt. Heute oder morgen werde ich ihn fassen.

ZWEITER ARBEITER Wenn du die 500 Mark Belohnung kriegst, kannst du mir dann die eine Rate fürs Motorrad borgen?

TORMANN Ja, natürlich.

JUNGER ARBEITER Erst muss er ihn haben!

Sie essen und trinken Bier.

HENSCHKE Eine merkwürdige Geschichte, die Ihr Sohn da erzählt hat. Ein Beispiel für die furchtbare moralische Zerrüttung unserer Zeit.

FRAU NILIUS Es ist schrecklich. Man kann einen erwachsenen Sohn nicht mehr vor der Außenwelt schützen. Ich habe Erich als Kind niemals den Dienstboten überlassen, ich hab ihn von allem Hässlichen ferngehalten, ich hab auf dem Land mit ihm gewohnt, jedes Buch mit ihm gelesen, und jetzt kann ich nicht hindern, dass er so ein Erlebnis hat, wenn er abends nach Hause fährt.

HENSCHKE Sie können sagen, was Sie wollen, Gnädigste, vor dem Kriege wäre so was nicht möglich gewesen.

Auf dem Bau beginnt die Arbeit wieder.

FRAU NILIUS Es ist erdrückend heiß hier.

HENSCHKE Ich würde Ihnen sehr gerne einen Stuhl bringen. *Sieht sich hilflos um.* Aber anscheinend gibt es hier keine Stühle.

FRAU NILIUS Sie sind ganz sicher, dass Sie mir nächste Woche den Zins zahlen können?

HENSCHKE *sieht sich irritiert um, ob jemand etwas gehört hat* Selbstverständlich, spätestens.

FRAU NILIUS Ich trenne mich sehr schwer von diesem Ring, es ist ein Geschenk meines armen Mannes.

HENSCHKE Ah, ein Geschenk des seligen Herrn Gemahls.

TORMANN Der Alte hat mich vorhin gefragt, ob ich glaube, dass wir das Dach in vier Wochen anfangen können. Was meint ihr, Jungens?

GOTTLIEB Wer weiß, ob man das Dach überhaupt decken wird.

ERSTER ARBEITER Was denn?

GOTTLIEB Mein Schwager ist Liftjunge bei der Gesellschaft, der hört, was die Herren im Fahrstuhl reden.

TORMANN Geredet wird überall. Aber unsere Firma ist sicher.

ZWEITER ARBEITER Wir wollen es hoffen; ich habe die Laube schon angezahlt.

TORMANN Ich muss noch einmal nach dem Mörtel sehen. Ich bin hinten am Bauplatz, wenn mich einer sucht.

Arbeit am Bau beginnt wieder, nur Arbeitsgeräusche.

ERICH *kommt über die Straße auf den Bau zu und am Versatzamt vorbei. Sieht seine Mutter und erschrickt.* Mutter, was machst du denn hier vor dem Versatzamt? Wartest du auf jemanden?

FRAU NILIUS Woher weißt du denn, dass ich hier bin, bist du mir nachgegangen?

ERICH Ich, ich gehe zu einem Bekannten, der auf dem Bau arbeitet, der kann mir vielleicht helfen. Aber du hast mir doch immer noch nicht erklärt ...

HENSCHKE Junger Mann, Ihre Frau Mutter ist in eine vorübergehende Geldverlegenheit geraten.

Sie haben sich ein bisschen abseits von den anderen gestellt.

ERICH Aber Mutter, ich begreife nicht. Herr Direktor Henschke zahlt doch vierteljährlich den Zins im Voraus.

HENSCHKE Ja, ich habe aber große Ausgaben gehabt, für ein ganz sicheres Geschäft. Das wird sich in wenigen Tagen hundertfach verzinst haben.

ERSTER ARBEITER *auf dem Bau* Achtung, Eimer kommt!

ERICH Ich will nicht, dass du Vaters Ring versetzt!

FRAU NILIUS Es bleibt mir doch keine Wahl, mein Junge.

SCHUTZMANN Anschließen, bitte!

ERICH Ich muss eine Arbeit bekommen, irgendetwas!

FRAU NILIUS Du musst zu Ende studieren, mein Junge.

ERICH *heftig* Kunstgeschichte! Und dann?

ERSTER ARBEITER Habt ihr noch Lehm unten?

ZWEITER ARBEITER *von unten* Nur was wir selber brauchen.

ERSTER ARBEITER Sag Bescheid, dass man uns einen Eimer heraufschickt!

FRAU NILIUS Mein Junge, ich habe dich so erzogen, wie es mir richtig schien, und wie dein Vater es gewollt hat.

ERICH Fürs Paradies! Keine Fliege hast du mich totschlagen lassen, keine Jungens prügeln, und jetzt? Keiner schert sich um meine Erziehung, nicht einmal ein Brot kann ich mir dafür kaufen!

FRAU NILIUS Es tut mir nicht leid, Erich. Die Welt von heute hat Unrecht, nicht wir, sie wird sich ändern.

ERICH Wenn du mich hättest boxen lernen lassen und einen Kinnhaken geben, – ich könnte es besser brauchen als die Klassiker. Sei nicht böse, ich bin furchtbar nervös. Ich laufe mir doch jetzt seit Wochen die Füße ab, um etwas zu finden, und gerade jetzt muss ich Arbeit haben!

HENSCHKE Sie sollten Ihre Frau Mutter nicht so aufregen, sie ist so überanstrengt durch den großen Haushalt, und dann, ich mache der gnädigen Frau täglich Vorwürfe, – die Butter spart sie sich vom Brot ab, wenn Sie nicht zu Hause sind, isst sie überhaupt nichts.

ERICH Ist das wahr, Mutter?

FRAU NILIUS Es ist besser für meinen Magen, mein Junge, wenn ich abends nichts esse.

ERICH Mutter, das wird jetzt anders. Alle Vorurteile, alle Ansprüche, – und wenn ich drüben auf dem Bau Ziegelsteine schleppen muss!

SCHUTZMANN Wollen Sie sich bitte anschließen!

Ein kleines Männchen in fadenscheinigem Überzieher, der Kassierer Glieneke, geht auf den Bau zu.

GLIENEKE Ich möchte Herrn Tormann sprechen.
EIN MANN *ruft nach hinten* Tormann! Der Herr Kassierer ist da!

Tormann kommt nach vorn.

GLIENEKE Guten Tag, Tormann, schönes Wetter!
TORMANN Ja, Herr Glieneke, wir können die Hitze brauchen.
GLIENEKE Wo können wir denn ungestört sprechen?
TORMANN Einen Empfangssalon haben wir noch nicht, bevor der Bau zu Ende ist. Wir können zum Sandplatz gehen.

Sie gehen nach hinten.

ERICH *vor dem Versatzamt* Mutter, du gehst nach Hause, ich bitte dich. Es macht mich krank, dich hier zu sehen. Herr Direktor, nicht wahr, Sie sind so freundlich, meine Mutter zu begleiten!
HENSCHKE Aber mit dem größten Vergnügen.
FRAU NILIUS Du verstehst nicht, mein Junge. Unser Wirtschaftsgeld reicht noch bis morgen Abend, wenn wir sehr sparen.
HENSCHKE Ich versichere Ihnen, dass ich spätestens bis Ende der Woche meinen Verpflichtungen nachkommen kann.

Der Rollladen vor dem Versatzamt wird heruntergelassen.

JEMAND *sagt* Wir können heute nichts mehr annehmen, meine Herrschaften, wir sind überkomplett. Wir eröffnen morgen um neun Uhr früh.

EIN MANN Und da steht man jetzt und wartet vier Stunden.

EINE FRAU Das Fahrgeld wird umsonst verfahren!

EIN MANN Man geht eben zu Fuß.

Auf dem Bau.

EIN MANN Hallo, Tormann!

ZWEITER MANN Lass ihn, er hat ein wichtiges Gespräch mit dem Kassierer. Wahrscheinlich sollen wir alle das doppelte Gehalt kriegen.

Vor dem Versatzamt.

ERICH Du gehst jetzt nach Hause, Mutter, und ruhst dich aus! Und ich komme heute nicht zurück, bevor ich etwas gefunden habe.

FRAU NILIUS Wirf dich nicht weg, mein Junge! Nimm nur etwas, das dir Zeit für dein Studium lässt!

Sie geht mit Henschke fort, während Erich auf den Bau zugeht.

ERSTER ARBEITER Tormann, du hast vergessen ...

Er bricht ab, denn Tormann geht über den Hof, wie mit einer Last auf den Schultern, sieht zu Boden.

ZWEITER ARBEITER Was gibt es denn?

Kassierer Glieneke geht mit aufgestelltem Kragen, die Aktenmappe an sich gedrückt. Seine kleinen Hände flattern rechts und links wie geschreckte Vögel.

ERSTER ARBEITER *vom Gerüst* Was ist denn schon wieder los, Herr Glieneke?

DER JUNGE Habt ihr wieder Löhne gekürzt?

EIN MANN Tormann, die Bretter sind abgeladen. Kann ich den Wagen wegschicken?

GLIENEKE Wirklich schönes Wetter! *Er läuft mit immer schneller werdenden Schritten fort.*

ERICH *tritt auf Tormann zu* Herr Tormann, Sie erinnern sich ... Sie waren so freundlich, mir Ihre Hilfe anzubieten. Ich muss Arbeit haben, unbedingt, verstehen Sie! Bitte, Herr Tormann, Sie müssen mir helfen! Ich mache, was Sie wollen.

Tormann hört gar nicht, was Erich ihm sagt, schiebt ihn beiseite, läuft hinter dem Kassierer her, der schon auf der Straße ist.

TORMANN Herr Glieneke! Das ist doch nicht möglich! Das kann doch nicht sein, Herr Glieneke!

Ohne sich umzusehen, die Tasche an sich gepresst, verschwindet Herr Glieneke.

Dunkel.

FÜNFTE SZENE

Warenhaus, Krawattenabteilung, Nelly, Fräulein Moser und der Abteilungsleiter Herr Schicktanz. Herr Schicktanz kontrolliert Fräulein Mosers Verkaufsblock.

SCHICKTANZ Vier Schlipse am Mittwoch, das ist nicht großartig, Fräulein Moser!

FRÄULEIN MOSER Ich kann ja nichts dafür, wenn so wenig Kunden kommen.

SCHICKTANZ Viel verkaufen, wenn viele Kunden kommen, das kann jeder. Viel verkaufen, wenn wenige da sind, das ist eben die Kunst! Das ist die Sache, zu der etwas Schmiss gehört, etwas Temperament, etwas Reiz! *Er sieht Nelly an.* Sind die neuen Muster gekommen, Fräulein Nelly?

NELLY Ja, Herr Schicktanz.

SCHICKTANZ Kann ich sie sehen?

NELLY Bitte. *Sie nimmt einen Karton aus dem Schubfach und legt die Muster vor.*

SCHICKTANZ Würden Sie mir die von dort oben zeigen?

NELLY Das sind doch die alten.

SCHICKTANZ Ich weiß, aber ich möchte etwas nachsehen.

FRÄULEIN MOSER Vielleicht könnte ich die Muster herunterholen?

SCHICKTANZ Sehr liebenswürdig, aber ich möchte, dass Fräulein Nelly sich hinaufbemüht, sie ist jünger.

Nelly steigt eine kleine Leiter hinauf, während Herr Schicktanz interessiert ihre Beine betrachtet. Währenddessen sieht man Paul Immergrün hinter einer sehr eleganten Dame aus der Modeabteilung kommen. Die Dame zieht einen kleinen weißen Hund an der Leine.

PAUL Gestatten Sie, Gnädigste, Ihr Hund hat da eben auf das weiße Abendkleid zu zweihundertfünfzig und das Silberbrokatkleid, tief herabgesetzt, hundert Mark, ge... zwei Riesenspritzer.

Während Schicktanz völlig gefesselt von Nelly ist, betrachtet diese Paul und versucht zu hören, was gesprochen wird.

SCHICKTANZ Apart, sehr apart, Fräulein Nelly, dafür habe ich einen Blick. Damit decken wir uns ein.

DIE DAME Was wollen Sie eigentlich von mir?

PAUL Ich will Ihnen ein Geschäft vorschlagen.

SCHICKTANZ Hübsche Farbenzusammenstellung, netter Kontrast! Wie helles Haar und dunkle Augen, was meinen Sie?

NELLY Ja, das ist ein hübsches Muster.

PAUL 250 und 100 macht ...

DIE DAME Lassen Sie mich vorbei, oder ich rufe um Hilfe!

PAUL Das werden Sie doch nicht tun, das kostet Sie über dreihundert Mark!

DIE DAME Wollen Sie mir endlich sagen ...?

PAUL Natürlich, ich bin gar nicht so wortkarg. Die Kaufhaus A.G. steht mir nicht nahe, ich bin mit ihr weder verwandt noch verschwägert. Geben Sie mir hundert Mark, und die Sache ist erledigt.

DIE DAME Und wenn nicht?

PAUL Dann tue ich meine Pflicht und melde den Vorgang, und Sie zahlen den Schaden.

SCHICKTANZ Fräulein Nelly, wann sind Sie denn abends mal frei?

NELLY Gefallen Ihnen die mit den roten Punkten?

SCHICKTANZ Nelly, Sie wissen sehr gut, dass Sie mir gefallen!

NELLY Nicht wahr? Ist auch gutes Material für den Preis.
SCHICKTANZ Ich habe Sie gefragt, wann Sie abends mal frei sind.
DIE DAME Sie sind ... wissen Sie, was Sie sind?
PAUL Natürlich, das wär doch traurig, wenn ein Mensch gar keine Selbsterkenntnis hätte!
DIE DAME *zischt* Erpresser! *Sie gibt ihm Geld, zieht mit einem heftigen Ruck den Hund weg.*
PAUL *bedauernd* Ach, das arme Tierchen! Wenn man nicht tierlieb ist, soll man keine Hunde halten.

Die Dame geht wütend ab. Paul schlendert langsam auf Nelly zu.

SCHICKTANZ Sie sollten einen anderen Ton gegen mich anschlagen, Fräulein. Ich bin doch jedenfalls Ihr Vorgesetzter.
NELLY Ich werde nicht mehr lange einen Vorgesetzten haben. Ich heirate.
SCHICKTANZ Ach, sieh mal an! Das Fräulein heiratet! Meinen Glückwunsch!

Schicktanz geht ärgerlich nach hinten und lässt Paul vorbei, den er für einen Kunden hält.

NELLY Herr Immergrün, sagen Sie mal, was haben Sie denn mit der blonden Dame gemacht?
PAUL Wasserstoffblond!
NELLY Seien Sie doch vernünftig!
PAUL Ich habe ein Geschäft mit ihr gemacht: ich hab ihr viel Geld erspart, mein Ehrenwort!
NELLY Sie machen doch nichts Unsauberes, Herr Immergrün?
PAUL Ich?? Der Hund!

Schicktanz geht vorbei, wirft Paul einen ärgerlichen Blick zu.

PAUL Der ärgert sich, dass wir hier stehen. Der hat scheinbar ein Auge auf Sie geworfen, der Herr Abteilungsleiter.

NELLY Der kann sich jetzt ruhig ärgern. Ich kündige zum Ersten.

PAUL Machen Sie das nicht, Fräulein Nelly! Verderben Sie sich hier nichts!

NELLY Aber wenn wir doch Weihnachten heiraten und Hans eine Gehaltszulage bekommt!

PAUL Fräulein Nelly, auf dem Bau, da ist nicht alles, wie es sein soll. Haben Sie nicht im Mittagsblatt gelesen, der Direktor der Baugesellschaft soll sich erschossen haben. – Vielleicht wird man im Frühjahr weiterbauen ...

NELLY *sieht ihn starr an, hält sich mit der Hand am Tisch fest, sagt leise* Und bis dahin?

Der Abteilungsleiter kommt mit einem dicken Herrn.

PAUL Wenn Sie etwas Blassblaues hätten, mit einem Stich ins Grün; meine Schwiegermutter hat Grün so gern.

SCHICKTANZ Verzeihung, mein Herr, vielleicht sehen Sie zuerst die Muster durch. Das Fräulein wird inzwischen diesen Herrn bedienen. Fräulein Moser!

Fräulein Moser geht zu Paul.

PAUL *spricht, ohne hinzusehen* Die nehm ich. Können Sie mir hundert Mark wechseln?

FRÄULEIN MOSER *mit seligem Seufzer* Hier drüben ist die Kasse, bitte.

SCHICKTANZ Sie müssen dem Fräulein nur Ihre Wünsche klarlegen. Das Fräulein wird Sie gewissenhaft bedienen, sie ist sehr liebenswürdig.

DER DICKE Also, mein Fräulein, ich möchte etwas sehr Feines, der Schlips kann teuer sein, er muss aber noch teurer aussehen.

NELLY *mechanisch* Welche Farbe?

DER DICKE Rötlich oder blau. Nicht ordinär, aber so, dass man hinsehen muss.

NELLY *alles ganz mechanisch* Darf es etwas Gestreiftes sein?

DER DICKE Zeigen Sie her, das kann man vielleicht probieren. *Er legt den Schlips um.* Nicht übel, wie?

NELLY Er steht sehr gut zu Gesicht.

Tormann kommt. Nelly schrickt zusammen, winkt ihm zu warten. Während sie den Dicken bedient, blickt sie immer wieder angstvoll zu Tormann hinüber.

DER DICKE Mein Prinzip ist nämlich, niemals hastig auszuwählen, man hat dann für sein teures Geld etwas, über das man sich jedesmal ärgert, wenn man es in die Finger kriegt. Hat das einen Sinn?

NELLY Nein, natürlich.

DER DICKE Und besonders, wenn man etwas für einen ganz speziellen Anlass kauft, wo es außerordentlich wichtig ist, dass man gut aussieht, gediegen, elegant. Probieren wir vielleicht die Grüne.

Nelly reicht ihm die Grüne, die er umlegt, während Paul von der Kasse zurückkehrt, auf Tormann zugeht, der finster und stumm dasteht.

PAUL Na, Tormann, wie geht's? … ich meine …

TORMANN Sie wissen ja Bescheid.

PAUL Das ist schon lange fällig.

TORMANN Nicht einmal die Löhne von letzter Woche haben sie auszahlen können!

PAUL Für Sie gibt's noch ganz andere Berufe. Machen Sie sich keine Sorgen! Ich geh mal ein bisschen mit dem Herrn Abteilungsleiter spazieren, damit er nicht immerzu hier herumschnüffelt.

Man sieht Paul auf Herrn Schicktanz zugehen und Herrn Schicktanz geschmeichelt lächeln.

DER DICKE Sie müssen nämlich wissen, mein Fräulein, ich bin übermorgen bei einer verwitweten Gräfin zum Tee eingeladen, immens reich! Probieren wir die Blaue. Man hat mir gesagt, dass blonde Frauen Blau lieben. Was meinen Sie, Fräulein?

NELLY Ja, ich meine, blonde Frauen lieben Blau sehr.

DER DICKE Wenn ich ihr an diesem entscheidenden Tag gefalle, Freitag, – Freitag ist mein Glückstag, da kann sich manches ändern. Fräulein, probieren wir vielleicht noch die Dunklere.

Eine Menge übereinandergetürmte Kartons stehen bereits auf dem Tisch.

DER DICKE Aber Fräulein, die ist ja schwarz! Ich gehe doch nicht auf ein Leichenbegängnis! Ganz im Gegenteil! Natürlich, da sind noch viele Schwierigkeiten privater Natur; aber wer wagt, gewinnt, nicht wahr, kleines Fräulein?

NELLY Natürlich.

Henschke ist eingetreten, hat einen Teil des Dialogs gehört, steht unsicher und wartet.

FRÄULEIN MOSER Was wünscht der Herr?

HENSCHKE Ich bin bisher immer von dem blonden Fräulein bedient worden. Die kennt schon meine Wünsche.

FRÄULEIN MOSER Wenn aber das Fräulein doch nicht frei ist! Vielleicht sieht sich der Herr unterdessen die neusten Muster an, ich werde mir alle Mühe geben, den Herrn zufriedenzustellen.

Henschke lässt sich widerwillig von Fräulein Moser bedienen, wirft dem Dicken böse Blicke zu.

DER DICKE Vielleicht zeigen Sie mir noch einmal die Allererste, die war gar nicht so schlecht, die ist sogar gut, was meinen Sie? – Sie sind nicht bei der Sache, Fräulein! Ich habe es gern, wenn man mich aufmerksam bedient, das kann ich verlangen, wenn ich eine so teure Krawatte kaufe.

NELLY *wie aufgezogen* Wie gefällt Ihnen dieses Muster? Allerletzte Neuheit, eine englische Krawatte.

FRÄULEIN MOSER *genauso* Beachten Sie die Qualität, fühlen Sie den Schlips mal an, mein Herr. Das ist klasse Ware.

DER DICKE *halb besänftigt* Nein, das ist doch nicht ganz das Richtige. Da ist noch ein Karton, den wir nicht probiert haben.

HENSCHKE *seine Geduld reißt, er wendet sich um* Gestatten Sie, Direktor Henschke aus Erfurt. Könnten Sie Ihren Einkauf nicht etwas beschleunigen?

DER DICKE *wütend* Und wenn Sie der Polizeidirektor aus Görlitz wären, würde ich mir eine Krawatte so lange aussuchen, wie es mir passt!

HENSCHKE Ich verbitte mir diesen Ton!
DER DICKE Hier hat sich nur einer etwas zu verbitten, und das bin ich. Ich kann mir was ich will und solange ich will so lange aussuchen, wie ich will, und brauche dabei keinem Rechenschaft zu geben.

Nelly ist, während die beiden aufeinander losschimpfen, einen Augenblick zu Tormann geschlüpft, fasst ihn an der Hand.

NELLY Gut, dass du Zeit hast!
TORMANN Nelly, ich muss dir was sagen, nachher.
NELLY Der Dicke muss doch einmal weggehen. Kannst du warten?
TORMANN Ja, Nelly, ich kann warten.

Sie läuft zurück.

HENSCHKE Schließlich hat jeder die gleichen Rechte hier.
DER DICKE Wer zuerst kommt, mahlt zuerst. So ist es in der Politik und in der Liebe. Geben Sie noch einmal die Dunkelblaue, Fräulein! Die andere hab ich gemeint. *Zu Henschke.* Und – überhaupt kann ich unangenehm werden, wenn man mich reizt, so umgänglich wie ich sonst bin.
HENSCHKE Sie sind mir ja gar nicht gebildet genug.
DER DICKE Wer ist denn heute gebildet! Herzensbildung habe ich! Geben Sie nochmal die Grüne, Fräulein. *Zu Henschke.* Sie gehören zum alten Eisen, das sieht doch jedes Kind.
HENSCHKE Sie haben ja gar keinen Blick für Menschen. Ich stehe vor ganz großen Abschlüssen, Sie Ignorant! Da werden Leute wie Sie noch staunen! So ein Igno-

rant sind Sie, dass Sie gar nicht wissen, was ein Ignorant ist!

DER DICKE Wenn es sich herausstellt, dass das eine Beleidigung ist, dann passen Sie auf!

SCHICKTANZ *eilt herbei* Aber meine Herren, ich bitte Sie, regen Sie sich doch nicht so auf!

HENSCHKE So jemand kann mich ja gar nicht aufregen! *Zu Nelly.* Ich komme wieder, guten Tag.

DER DICKE Ein unverschämter Mensch!

SCHICKTANZ Haben Sie schon gewählt?

DER DICKE Ich kann mich noch nicht entschließen. Wissen Sie, es ist doch eine schwierige Geschichte.

SCHICKTANZ Lassen Sie sich nur Zeit, das Fräulein steht zu Ihrer Verfügung.

Er geht wieder nach hinten, der Dicke probiert weiter.

DER DICKE Der Spiegel ist unvorteilhaft, er verbreitert und entstellt direkt.

Tormann geht in verzweifelter Nervosität auf und ab. Nelly sieht ab und zu nach ihm hin und macht ihm Zeichen. Währenddessen geht ein Boy durchs Warenhaus und ruft einen Namen aus.

DER BOY Herr Löw! Herr Löw! *Zu Paul Immergrün, der sich von weitem die Szene betrachtet hat.* Sind Sie vielleicht Herr Löw? Er wird dringend am Telefon verlangt, Zwischenstock, letzter Gang links.

PAUL Leider ...

Der Junge geht weg. Paul hat eine Idee, schießt nach vorn und packt den Dicken.

PAUL Sie sollen zum Telefon kommen, ganz dringend, Zwischenstock, letzter Gang links.

DER DICKE Es ist aber doch merkwürdig, ich kann mich doch gar nicht erinnern, ... wieso?

PAUL Das kann ich Ihnen nicht sagen, – beeilen Sie sich!

Der Dicke läuft ohne Schlips nach links. Paul geht wieder nach hinten spazieren. Tormann kann sich endlich Nelly nähern.

TORMANN *am Ladentisch* Hübsche Muster habt ihr!

NELLY Nicht wahr?

TORMANN Man kann gar nicht verstehen, wie man das herstellen kann für den Preis.

NELLY Hans, ich habe es mir überlegt. Ich geb die Stellung hier nicht auf, ich hab es doch ganz gut, und so den ganzen Tag in der Wirtschaft, das ist nichts, wenn man es nicht gewöhnt ist.

TORMANN Wie du meinst. *Er spielt mit der Hand in einem der Schlipskartons.* Das sind die gleichen Schlipse wie der, den ich ihm abgerissen hab.

NELLY Ich hab seither zwei solche verkauft, aber die Männer haben weiter nicht verdächtig ausgesehen. Ich konnte sie nicht gut nach ihrer Adresse fragen.

TORMANN Nein, natürlich nicht. *Pause.* Du, Nelly ...

NELLY Ja?

TORMANN Möchtest du heut Abend ins Kino gehen?

NELLY Wolltest du mich das fragen?

TORMANN Dann treffen wir uns am besten vor dem Kino.

NELLY *streichelt seine Hand* Es wird schon weitergehen; ich hab keine Angst.

TORMANN Wir sehen uns die Garbo an. Dann bring ich dich nach Hause und geh den Verbrecher suchen. Ich hab eine Spur, und jetzt muss ich ihn finden, jetzt erst recht!

NELLY Hans, das mit dem Heiraten, das war ein Spaß, was?

TORMANN Nein, aber ich weiß nicht, ob es jetzt möglich sein wird.

NELLY Ich bin gar nicht so wild auf Heiraten. So hat man mehr Freiheit.

DER DICKE *man hört seine wütende Stimme* Das ist doch einfach unerhört! So was hat eben nicht zu passieren, da erkundigt man sich eben vorher!

TORMANN *hastig* Ich wollte dir etwas sagen, Nelly!

NELLY So sag's doch, Hans!

TORMANN Ich sag's dir heut Abend.

Er läuft fort, Nelly blickt ihm regungslos nach.

DER DICKE *stürzt sich auf Paul, der langsam und pfeifend herbeischlendert* Sie, Sie! Wie können Sie mich zum Telefon rufen, wenn wer anderer verlangt wird? Zwei Treppen hinunter und den ganzen langen Gang! Und dann gratuliert einem die Hebamme Sabine Meyer zur Geburt von zwei gesunden Töchterchen! Der Schlag kann einen treffen! Meiner Frau ginge es gut. Herr, da kann man ja einen Nervenschock ... kann man so was kriegen, und dann stürzt noch ein Mann herein, der brüllt mich an, was ich von seiner Hebamme will! Ihre Hebamme, sag ich, kann mir gestohlen werden, und er wird ordinär. Wie können Sie mich überhaupt zum Telefon rufen, wenn man Herrn Löw verlangt?

PAUL Wie? Sie heißen also gar nicht Löw?

DER DICKE Natürlich heiße ich nicht Löw!

PAUL Ach, wie denn?

DER DICKE Wolff, Friedrich Otto Wolff.

PAUL Mein Gott, ein wildes Tier ist wie das andere.

DER DICKE Sie Ignorant!

SCHICKTANZ *kommt* Vielleicht entscheiden Sie sich jetzt für einen Schlips, mein Herr?

DER DICKE Sie haben ja gar keine Auswahl! Ich kaufe in einem Spezialgeschäft.

Er nimmt seinen Schlips und Hut und geht wütend ab. Nelly sagt mit fremder Stimme zu Herrn Schicktanz, der mit bitterbösem Gesicht an ihr vorbeigeht:

NELLY *ganz leise, sehr deutlich* Herr Schicktanz, passt Ihnen am Freitagabend?

Dunkel.

SECHSTE SZENE
(Schalterszene)

Vor dem Vorhang: Erich und ein Schalter. Hinter dem Vorhang sitzt ein Beamter mit einem Schnurrbart und einem Allerweltsgesicht. Die ganze Szene lang bleibt der gleiche Schalter und der gleiche Beamte, nur die Projektion um den Schalter wechselt. Zuerst steht auf der Projektion »Reichsbankfilialen in allen Städten – Aktienkapital M 10.000.000,–, Verzinsung 5%.«
Erich stürzt an den Schalter.

ERICH Gestatten Sie, ich heiße Erich Nilius, ich bin am 17. April geboren, 21 Jahre alt, habe mein Abiturium mit einstimmiger Auszeichnung gemacht, habe zwei Semester Kunstgeschichte, ich bin gesund, nicht vorbestraft und arbeitswillig. Ich bitte Sie, geben Sie mir Arbeit!

DER BEAMTE *ganz tonlos und leiernd* Wir müssen unsere eigenen Leute abbauen und können daher zu unserem Bedauern nicht daran denken, irgendwelche Neueinstellungen vorzunehmen.

Das Schalterfenster fällt herab. – Erich rennt hin und her und wieder zum Schalter zurück. Die Projektion ist jetzt eine Kopfhörerfabrik: »Das Ohr der Welt – täglich hundert Radioapparate nach den neuesten technischen Errungenschaften.«

ERICH Ich heiße Erich Nilius, bin am 17. April geboren, ich bin aus einer ersten Familie, mein Vater war Dozent und ist im Krieg gefallen. Ich hatte immer Sehr gut in Mathematik und Physik und muss meine Mutter erhalten ...

DER BEAMTE *immer im gleichen Ton* Wir sind zu unserem Bedauern in der augenblicklichen Situation durchaus nicht in der Lage, neue Kräfte einzustellen.

Das Schalterfenster fällt herab, Wiederum rennt Erich einige Male hin und her und zurück zum Schalter. Diesmal die Projektion eines großen Geschäftes: »Niederlagen in allen großen Städten Europas – Paris, London, Nizza etc.«

ERICH Ich heiße Erich Nilius, ich bin 21 Jahre, man hat mich gelehrt, dass die Menschen gut sind und einander helfen. Ich kenne die Klassiker, ich kann den Hamlet-Monolog auswendig, ich spiele Klavier und etwas Cello. Ich bin ein mäßiger Esser und habe noch keine Frau gehabt. Ich bitte Sie, helfen Sie mir.

DER BEAMTE Zu unserem unendlichen Bedauern ist es uns unmöglich, neue Leute einzustellen.

Das Schalterfenster fällt herunter. Erich läuft noch einmal hin und her und zurück zum Schalter. Die Projektion eines Filmateliers: »Eingang für Statisten links.« Er rüttelt am Schalter. Er spricht von Mal zu Mal heftiger, dringender und erregter.

ERICH Ich bin gesund, gebildet, gelenkig und sportgeübt. Ich habe einen Blick für das Schöne, meine Mutter hat mir die Farbe des Himmels gezeigt, wenn die Sonne untergeht, und hat mich mit dem Finger über Rosenblätter streichen lassen. Ich spreche Französisch und Englisch fließend, ich mache fünfmal hintereinander Handstand, Tante Franziska sagt, ich wäre ein Genie und die Zukunft läge rosig vor mir. Ich mache alles, was Sie wollen, nur geben Sie mir Arbeit!

DER BEAMTE Zu unserem größten Bedauern ist es uns nicht möglich, noch irgendjemanden zu beschäftigen.

Das Fenster fällt zu, aber ehe es ganz geschlossen ist, packt Erich den Mann und schüttelt ihn.

ERICH *brüllt* Haben Sie denn unter dem Schnurrbart keinen Mund, und keine Brust unter dem Rock, unter dem Hut keinen Kopf? Warum helfen Sie mir nicht, sind Sie kein Mensch?

DER BEAMTE Name: Albert Schmid, Stand: verheiratet, Alter: 44, Religion: evangelisch A.B., geboren hierorts und selbigen auch nie verlassen, Kinder: 4, Einkommen: M. 120,70 monatlich kündbar, Steuern: M. 25, Lebensversicherung: M. 10,15, besondere Kennzeichen: keine.

Dunkel.

SIEBTE SZENE

Straße. Ein paar Treppen führen zum »Tiefen Keller« hinunter. Rechts ein Vorstadtkino, vor dem Nelly nervös auf und ab geht, an der Wand ein Plakat von der Garbo. Ein Wurststand, dahinter der Wurstmax, ein Bettler sitzt regungslos an eine Mauer gelehnt. Gelegentlich gehen Leute vorbei, man hört Straßengeräusche. Durch ein erleuchtetes Fenster im ersten Stock sieht man ein Liebespaar und hört im Radio ein süßes Violinsolo. Die beiden im Fenster küssen sich. Das Radio wird abgedreht. Das Fenster geschlossen und der Vorhang vorgezogen.

NELLY *zum Wurstmax* Sie müssen mir noch ein paar Würstchen geben.

WURSTMAX Wenn ich »er« wäre, würde ich Sie nicht eine halbe Stunde warten lassen.

NELLY Wenn Sie »er« wären, würde ich auch nicht eine halbe Stunde warten!

WURSTMAX Jeder hat seine guten und seine schlechten Seiten. Ich habe vor allem gute. Sie sind traurig, Fräulein?

NELLY Der Film hat sicher schon angefangen.

WURSTMAX Hat Ihr Bräutigam denn so viel zu tun?

NELLY N... *Sie will Nein sagen.* ... Ja, furchtbar viel! Er ist sehr tüchtig. Man läuft ihm nach mit der Arbeit.

WURSTMAX Das kommt nicht oft vor heute.

Tormann kommt. Nelly hat sofort nur mehr Ohr und Aug für ihn.

NELLY Hans, wo warst du denn so schrecklich lang?

TORMANN Ich hab den Doktor gesucht, der dem Dieb aus der U-Bahn die Hand verbunden hat, er heißt

Dr. Bach. Er sitzt fast den ganzen Tag im Café am Kanal. Jetzt hab ich ihn nicht getroffen. Aber in einer Stunde ist er wieder dort, dann geh ich noch einmal hin.

NELLY Warum sprichst du so viel, Hans? Warum läufst du denn plötzlich wieder hinter dem Dieb her? Der Film hat schon angefangen. Er soll so schön sein, die Moser vom Warenhaus hat es erzählt.

TORMANN Ja, mir hat ihn auch ein Kollege vom Bau empfohlen. Ich weiß nicht mehr, wer es war. *Leise.* Nelly, ich hab keine Arbeit mehr.

NELLY Ich weiß es doch, Hans.

TORMANN Ich hab es immer wieder verschoben, ich hab's dir nicht sagen können.

NELLY Es wird auch wieder anders werden, Hans. Komm hinein, du wirst auf andere Gedanken kommen. Schön ist sie!

TORMANN Wer?

NELLY Die Garbo.

TORMANN Du bist auch schön, Nelly. *Verlangt an der Kasse:* Zweimal zu achtzig.

Der Bettler streckt seine Hand aus. Tormann lässt 10 Pfennig hineinfallen.

BETTLER Danke.

Tormann und Nelly verschwinden im Kino. Walter kommt aus dem »Tiefen Keller« und geht auf den Wurststand zu.

WALTER Wie geht's?

WURSTMAX Ist etwas los, dass du mir die Ehre schenkst?

WALTER Alle streiten sich. Karl lässt sich nicht blicken, kommt nicht, wenn man ihn bestellt.

WURSTMAX Warum denn?

WALTER Gib mir eine Wurst!

WURSTMAX Bei euch scheint ja wieder einmal einiges nicht in Ordnung zu sein!

WALTER Bei dir ist dafür alles in Ordnung. Würstchen, Bier, alles in einer Reihe, bloß kauft sie keiner. Wenn bei uns nicht manchmal Krach wäre, da unten, dann könntest du zusperren!

ERICH *kommt abgerissen, müde, stumpf; bleibt vor dem Wurststand stehen* Eine Limonade, bitte.

WURSTMAX Ist Ihnen nicht gut?

ERICH Ich suche Arbeit.

WURSTMAX Alles andere kann man heut leichter haben.

WALTER Ist auch Glückssache. Ich habe zufällig heute einen Bekannten getroffen, den Zacharias Meyer aus der Friedrichstraße, der sucht einen Jungen mit Fahrrad, den stellt er sofort ein.

ERICH Glauben Sie, dass die Stelle morgen noch frei ist?

WALTER Sicher. *Während er weiterspricht, geht Erich unbemerkt fort.* Hast du anständige Zigaretten? Ich habe meine unten gelassen. *Er nimmt ein paar Zigaretten und zahlt.* Sie, da fällt mir ein, das war gar nicht der Meyer … Ja, wo ist er denn hin? Ich hab das verwechselt, das mit dem Fahrrad hat mir der Binder aus der Seestraße erzählt, der Meyer ist doch Zahnarzt, wozu braucht der einen Jungen mit einem Fahrrad?

WURSTMAX Wozu hast du es ihm dann erzählt?

WALTER Du hast keine Bildung. Man spricht so, was einem durch den Kopf geht, das nennt man Konversation. Wenn es nicht stimmt, hat man sich geirrt, aber es ist immer noch Konversation.

WURSTMAX Der Junge ist imstande und läuft hin.

Mariechen kommt um die Ecke und will vorbeigehen.

WALTER Hallo, Mariechen! Was macht die große Liebe? Hast du Karl unterm Rock versteckt?
MARIECHEN Lass mich vorbei!
WALTER Sag mir, warum dir der Karl so gut gefällt, Mariechen? Hat er viel Geld?
MARIECHEN Er hat nichts. Blaue Augen hat er. Lass mich vorbei!
WALTER Da unten sprechen sie gerade vom Karl. Nichts Gutes.
MARIECHEN Ihr sollt ihn in Ruhe lassen! Der passt nicht zu euch!
WALTER Der ist wohl ein Graf, was?
MARIECHEN Vielleicht. Blaues Blut hat er, das hab ich gesehen, wie er sich die Hand aufgerissen hat.
LIESCHEN *kommt aus dem »Tiefen Keller«* Walter, du sollst herunterkommen. Paul hat nach dir gefragt.
WALTER Wird nicht so wichtig sein. Man darf wohl einmal Luft schnappen.

Walter geht die Treppe hinunter. Mariechen will fortgehen. Lieschen stellt sich ihr in den Weg.

LIESCHEN Wohin gehst du?
MARIECHEN Zum Kanal. Ich hab keine Zeit.
LIESCHEN Was hast du unterm Tuch?

Mariechen antwortet nicht, will sich losmachen.

LIESCHEN Ich weiß, für wen das Essen ist!
MARIECHEN Warum fragst du?
LIESCHEN Du brauchst ihm nichts zu essen zu bringen. Die Frau Therese sagt, du sollst ihr nicht unter die Augen kommen! Sie wirft dich hinaus! Was hat er denn an dir? Du verdienst ja nichts mehr! Glaubst du,

dass du so schön bist? Schau in den Spiegel! Ich bin einen Kopf größer als du. Ich hab jetzt einen Herrn mit einer Limousine! Warum kommt denn der Karl nie mehr zu mir?

MARIECHEN Er hat mich gern. Einmal hat er geweint.

LIESCHEN Ist ja gar nicht wahr, dass er dich gernhat. Ich mag keine Männer, die weinen. Ich hab ihn mit Mädchen gesehen! Mit einer Schwarzen gestern, mit einer Blonden heute!

MARIECHEN Du lügst ja! Du hast ihm am Torbogen aufgelauert! Gebettelt hast du, dass er wieder zu dir kommen soll!

LIESCHEN Ich?? Man hat doch auch noch seine Ehre! Mit einem Zuchthäusler mach ich mich nicht gemein! Da hätt ich Angst, wenn er bei mir wäre, dass es plötzlich an die Tür klopft und die Polizei ihn aus dem Bett holt, und mich dazu!

MARIECHEN *verängstigt* Er ist kein schlechter Mensch. Wie ein Kind ist er.

LIESCHEN Da unten wird in den letzten Tagen viel von 500 Mark gesprochen, die man verdienen kann.

MARIECHEN Du wirst ihn nicht anzeigen, das ist Blutgeld! Das holt dich ein! Du, ich geb dir die Hälfte von allem, was ich verdien!

LIESCHEN Das macht keine fünfhundert Mark aus. Lass den Karl sein! Wenn du ihn anspuckst, wenn er dich küsst, – dann sag ich nichts.

MARIECHEN Ich werd ihn nicht anspucken, wenn er mich küsst!

LIESCHEN Das nächste Mal wird ein Gitter dazwischen sein. Da wirst du mit deinem Mund gar nicht durch die Stäbe durchkommen!

MARIECHEN *still, wie zu sich* Verstehst du denn das nicht? So was gibt's. Der kommt zu mir wie zu einer

Braut. Der behält nicht den Hut auf. Der hat mir schon die Hand geküsst. Der Mann von der Heilsarmee, der hat immer zu mir gesagt: Du musst den Menschen in dir neu entdecken. Ich hab mir gedacht: Quatsch nicht! Aber du, das gibt's. Aufwachen in der Früh und nicht zurückkriechen unter die Decke, aufwachen und nicht erschrecken. Noch nie hab ich mich in der Früh gefreut, nur jetzt. Und wenn man gern aufwacht, hat man jemand sehr lieb.

LIESCHEN Die Hand hat er dir geküsst?

MARIECHEN Jeden Finger einzeln. Wie einer Braut. Wohin gehst du?

LIESCHEN Zum nächsten Polizisten. *Heult.* Mir hat er nicht die Hand geküsst!

MARIECHEN Du! Du meinst das doch nicht ernst?

LIESCHEN Ich mach keinen Spaß. *Weint.* Auf jeden Finger hundert Mark! *Rennt fort.*

MARIECHEN *schreit gellend* Paul Immergrün! Paul Immergrün!

Sie läuft die Treppe zum »Tiefen Keller« hinunter, man sieht einen Augenblick hinein, während Mariechen schreit.

MARIECHEN Lieschen zeigt den Karl an! Sie ruft die Polizei!

PAUL Schrei nicht so! *Er kommt herauf. Gustav folgt ihm.* Wohin ist sie gegangen?

Mariechen zeigt mit dem Arm in die Richtung, wohin Lieschen fortgelaufen ist.

GUSTAV Hier an der Brücke steht immer ein Polizist, ob man ihn braucht oder nicht.

PAUL Lauf ihr nach, Gustav! Vielleicht holst du sie ein. Sie hat wahrscheinlich das nur so gesagt.
MARIECHEN Nein, das war ernst. Sie tut es.
PAUL Weißt du, wo Karl ist, Mariechen?
MARIECHEN Er wartet unten am Kanal auf mich.
PAUL Komm!

Sie gehen schnell fort.
Der Wurstmax schließt die Bude. Regungslos sitzt der Bettler an der Ecke während der ganzen Szene. Tormann stürmt aus dem Kino. Nelly hinter ihm her.

NELLY Warum läufst du denn weg, Hans? Es ist doch schade ums Geld!
TORMANN Ich halt es nicht mehr aus. Was gehen mich denn die Liebesgeschichten von der Garbo an? Ich habe keine Arbeit!
NELLY Ich kann doch nichts dafür.
TORMANN Ich hab doch auch gar nicht gesagt, dass du was dafür kannst. Aber du redest auch immerzu von den Kleidern, die sie anhat. Prachtvoll und herrlich! Ich kann das überhaupt nicht mehr hören!
NELLY Man sieht doch so was gern.

Tormann reißt den Hermelinmantel des Plakates ab, sodass nur mehr der Kopf der Garbo übrigbleibt, und wirft das Papier um Nellys Schulter.

TORMANN Da, häng dir mal den Hermelin um! Hält hübsch warm, nicht?
NELLY Was hast du denn, Hans? Du bist ja verrückt! Wenn dich jemand sieht! *Sie packt ihn und will ihn fortziehen.*
TORMANN *brüllt* Lass mich los!

NELLY Ich weiß ja, wohin du gehst, hinter dem Verbrecher her. Keine Nacht ins Bett – keine Ruhe – verhext hat er dich, reißt dir noch die Schuhe kaputt und kannst dir keine neuen kaufen. Findest ihn ja doch nicht!

TORMANN Das geht dich nichts an, wohin ich geh. Vielleicht geh ich zu einem Mädel!

NELLY Dann geh ich auch noch fort, mit irgendeinem Mann.

TORMANN Meinetwegen, wohin du willst und mit wem du willst. Und unterhalt dich gut!

NELLY *heftig* Du, so leicht wirst du mich nicht los! Vergiss nicht das Kind!

TORMANN Wer weiß, von wem das Kind ist. Vielleicht von Herrn Schicktanz, oder sonst einem.

NELLY *leise* Ich hab dir doch nichts getan.

TORMANN *schreit* Du hast mir nichts getan, und ich dir nichts. Niemand hat was getan! *Er läuft von ihr fort.*

Nelly bleibt stehen, sieht ihm nach, lässt die Arme sinken. Das Fenster oben wird wieder hell, der Vorhang zurückgezogen. Das Paar küsst sich.

WURSTMAX *sperrt seinen Stand zu* Die beiden haben sicher auch manchmal Krach. Was Efeu ist, das rankt sich, was ein Liebespaar ist, zankt sich. Das hab ich selbst mal gemacht. Es ist in der Sonntagsbeilage der Fleischerinnungszeitung erschienen. Meine Mutter hat immer gesagt, bevor du dich über irgendetwas kränkst, atme dreimal tief und stell dir vor, wie du in 25 Jahren darüber denken würdest. Die war gescheit.

NELLY Ich möchte gern nach Haus.

WURSTMAX Ich geh auch nach Hause; wenn Sie wollen, begleit' ich Sie ein Stück. Vielleicht essen Sie doch noch eine Wurst?

Nelly ist schon ein paar Schritte fortgegangen. Er folgt ihr. Die beiden verschwinden um die Ecke.
Erich tritt auf. Seine Nervosität und Überreiztheit ist noch stärker als bei seinem letzten Auftreten.

ERICH Sie haben vergessen, mir die Nummer in der Friedrichstraße ... *Er sieht sich um, es ist niemand da.* Ja, ich weiß doch die Nummer nicht, ich kann doch nicht einen Herrn Meyer in der Friedrichstraße suchen!

Er stellt sich vor den Bettler und spricht, da er sprechen muss, unaufhörlich auf ihn ein.

ERICH Sie haben nicht zufällig die Nummer behalten? Sie sind doch vorhin schon da gewesen. Ich habe nämlich jetzt ein Fahrrad. Ich hab es gestohlen. Ich bekomme doch sonst die Stelle nicht. Ich kann nicht Rad fahren, aber ich werde es lernen. Es stand bei einer Schenke, vier Fahrräder. Ich habe das schlechteste genommen. Ich hätte nie gedacht, dass ich etwas stehlen könnte. Man wird mich sicher einsperren. Soll ich das Rad zurückbringen? Ich habe es versteckt. Aber ich muss die Stelle haben. Wie kann ich denn jetzt erfahren, welche Nummer es war. *Er beugt sich tief zu dem Bettler hinunter, spricht immer erregter und dringender.* Verraten Sie mich nicht! Wo soll ich denn hin? Ich hab doch alles versucht. Ich hab doch keine Wahl gehabt, nicht wahr? Das verstehen Sie!
BETTLER *stark artikulierend und devot* Ich hoffe, der junge Herr hat mir nichts Wichtiges gesagt. Ich bin nämlich taub.

Dunkel.

ACHTE SZENE

Am Kanal. Die Terrasse eines Kaffeehauses, auf der ein paar vertrocknete Bäumchen in Kübeln stehen. Von drinnen tönt Geigenspiel. Tiefer unten geht die Straße am Kanal entlang, der durch Holzstapel dem Blick entzogen ist. Oben auf der Terrasse sitzt Dr. Bach in einer Ecke an einem Tisch. Vor ihm ein älterer Mann mit schäbigem Überrock und barhäuptig.

DR. BACH Sie dürfen nicht Treppen steigen mit Ihrem Herzen.

DER MANN Es ist aber doch kein Fahrstuhl im Haus.

DR. BACH Dann ziehen Sie um.

Der Mann antwortet nicht, zuckt mit den Achseln.

DR. BACH *verlegen, heftig* Ach so, ja ... Dann gehen Sie sehr langsam die Treppe hinauf. *Ärgerlich.* Wozu da plötzlich Geige gespielt werden muss! Es ist ja bisher auch gegangen.

DER MANN *steht auf* Was bin ich schuldig für die Ordination?

DR. BACH Nichts, ich habe Ihnen ja auch nichts gesagt, was einen Sinn hat.

DER MANN *eigensinnig* Ich bestehe darauf, dass Sie mir einen Preis nennen.

DR. BACH Eine Mark.

DER MANN Ich werde sie Ihnen anweisen lassen. *Geht fort.*

DR. BACH Ober, noch eine Zigarette!

MARIECHEN *hastet unten vorbei, geht den Holzstapel entlang, ruft halblaut* Karl! Karl!

Zwei Leute liegen schlafend im Schutz der Holzstapel.

MARIECHEN Ist hier ein Mann vorbeigekommen? Mittelgroß mit einem braunen Anzug und einer Brille? Ich muss ihn finden!

DER MANN Und wenn Sie ihn auch finden müssen, Fräulein, ich hab ihn nicht gesehen. *Er schläft weiter.*

DER OBER *tritt auf die Terrasse* Eine Frau will Sie sprechen, Herr Doktor.

DR. BACH Lassen Sie sie herkommen!

DER OBER Der Chef hat gesagt, es darf keiner hier sitzen, der nicht wenigstens einen Kaffee nimmt.

DR. BACH Bringen Sie einen Kaffee für die Frau.

Der Ober geht hinaus, lässt eine Frau auf die Terrasse. Sie drückt ihren Arm an den Körper.

DR. BACH Kommen Sie her, – der Arm! Was haben Sie denn?

DIE FRAU Ich kann nicht gleich zahlen, Herr Doktor, ich sag's lieber vorher.

DR. BACH Zeigen Sie den Arm! Kochendes Wasser?

DIE FRAU Suppe war's.

DR. BACH *öffnet die Aktenmappe* Hier unter die Lampe. Halten Sie ganz ruhig! Nein, das kann ich hier nicht machen. Der Arm muss von der Schulter an bandagiert werden. Haben Sie ein sauberes Tuch zu Hause?

DIE FRAU Ja, Herr Doktor, ein neues Leintuch.

DR. BACH Dann reißen wir einen Streifen raus.

DIE FRAU *entsetzt* Aus dem guten Leintuch?

DR. BACH *ungeduldig* Kommen Sie!

In diesem Moment schiebt Tormann den Kellner beiseite und kommt auf die Terrasse.

TORMANN Herr Doktor Bach, bitte einen Augenblick!

DR. BACH Haben Sie sich verletzt?

TORMANN Nein.

DR. BACH Was tut Ihnen weh? Sie sehen, ich bin beschäftigt.

TORMANN Ich muss eine Auskunft haben, Herr Doktor. Sie haben am letzten Sonnabend einem Mann die Hand verbunden.

DR. BACH Ich verbinde viele Leute.

TORMANN Herr Doktor, es ist sehr wichtig. Bitte denken Sie nach, es war spät, nach halb zwölf.

DR. BACH Ach so, ja, ich glaube ...

TORMANN Es ist ein Verbrecher, die Polizei sucht ihn. Wissen Sie seinen Namen, Herr Doktor?

DR. BACH Nein, ich erinnere mich nicht. – Ich kümmere mich nicht darum, wer die Leute sind, die zu mir kommen. Ich kümmere mich um das, was ihnen fehlt, sonst nichts. Lassen Sie mich vorbei, ich bin beschäftigt. *Er schiebt Tormann ungeduldig fort; zu der Frau.* Kommen Sie!

Sie gehen zusammen durch das Kaffeehaus hinaus.

KELLNER *tritt zu Tormann* Sie haben nach dem Mann gefragt, dem der Doktor Samstag um Mitternacht hier die Hand verbunden hat?

TORMANN Ja, erinnern Sie sich?

KELLNER Sehr genau. Wir wollten Schluss machen. Ich hab schon die Stühle auf die Tische geklappt, da ist er hereingekommen, blass im Gesicht und einen Lappen um die Hand. Der Doktor kennt ihn, der weiß auch seinen Namen. Sind Sie von der Polizei?

TORMANN Nein.

KELLNER Schade. Sonst hätten Sie dem Doktor mal Bescheid sagen können, dass ein Kaffeehaus kein Spital ist.

TORMANN Haben Sie den Mann nachher wiedergesehen?

KELLNER Der geht oft hier herum. *Er packt ihn am Arm.* Das ist das Mädchen, mit dem ich ihn ein paarmal gesehen habe in den letzten Tagen. Da wird er nicht weit sein. Ich muss hinein. *Das Violinspiel aus dem Lokal verstummt einen Augenblick.* Wenn Sie wiederkommen, steh ich gern zu Diensten.

URSEL *tritt auf die Terrasse* Ich hab mich doch nicht geirrt, Herr Tormann?

TORMANN Guten Abend, Fräulein, Sie spielen jetzt hier?

URSEL Ja, Herr Immergrün hat mir die Stelle verschafft. Ich muss sofort wieder hinein. Sollten Sie mir etwas bestellen?

TORMANN Wieso bestellen?

URSEL Erich Nilius wollte sich doch an Sie wenden. Ich dachte, vielleicht, dass Sie ...

TORMANN Nein, ich hab ihn lang nicht geseh'n. Geht's Ihnen hier gut?

URSEL Ich weiß nämlich gar nicht, wo er ist. Ich hab ihn angerufen; er war nicht zu Hause. Ich mach mir solche Sorgen. *Als ob sie erst jetzt seine Frage auffasste.* O ja, es geht mir hier gut.

Die Tür wird aufgerissen. Eine ärgerliche Stimme ruft:

STIMME Fräulein Violine! Wofür bezahlt man Sie denn hier?

URSEL *schrickt zusammen; zu Tormann* Wenn Sie ihn sehen, grüßen Sie ihn!

TORMANN Gern, Fräulein Ursel.

Ursel geht hinein. Tormann geht über die Terrasse die Stufen hinunter, die zum Holzplatz führen. Er sieht sich um, geht auf die schlafenden Leute zu. Mariechen ist verschwunden.

TORMANN Wohin ist das Mädchen gegangen?
EIN MANN Ich weiß nicht. Es gehen viele hinter die Holzstapel.

In diesem Augenblick kommt Paul Immergrün auf Tormann zu.

PAUL Guten Abend, Herr Tormann.
TORMANN *will vorbei* Guten Abend.
PAUL Sie sind vielleicht verabredet hier?
TORMANN Ich suche jemanden.
PAUL Immer noch den Verbrecher von neulich?
TORMANN Lassen Sie mich vorbei!
PAUL Bitte, ich will Sie nicht stören, obwohl ich mich gern mit Ihnen unterhalte. Es ist doch ein netter Zufall, dass wir uns wieder treffen.
TORMANN Es wird kein Zufall sein, dass Sie hier sind!
PAUL Wieso?
TORMANN Überall treff' ich Sie, wenn ich nach dem Mann suche! Überall haben Sie Ihre Finger drin!
PAUL Wirklich? Sie überschätzen mich. *Er tritt dicht an Tormann heran, sagt in völlig verändertem Ton.* Tormann, stecken Sie Ihre Nase nicht in Sachen, die Sie nichts angehen!
TORMANN Ich denke, Sie haben nichts damit zu tun?
PAUL Hören Sie! Ich helf gerne Menschen, die mir gefallen. Ich würde auch Ihnen helfen, Tormann.
TORMANN *unterbricht* Ich mach keine schmutzigen Geschäfte.

PAUL *fährt ruhig fort* Aber wenn einer tut, was mir nicht passt, bekommt's ihm meistens schlecht. Sie gefallen mir, Tormann, ich war auch einmal so. Bloß man bringt's nicht weit.

TORMANN Wollen Sie mich aufhalten?

PAUL Warum denn? Gehen wir einen Schnaps trinken. Die kleine Ursel spielt wirklich gut. Ich hab ihr die Stelle verschafft, hab nur ein Wort zu dem Besitzer sagen müssen.

TORMANN Danke. Ich geh jetzt hier weiter. Ich weiß, dass der Mann sich hier hinter dem Holzstapel versteckt.

PAUL Die fünfhundert Mark sind es, was? Für fünfhundert Mark würden Sie Ihren eigenen Bruder an die Polizei ausliefern!

TORMANN Das ist nicht wahr! Ich tu's nicht darum.

PAUL Sie tun's wegen der Gerechtigkeit! Die fünfhundert Mark geben Sie in ein Waisenhaus!

TORMANN Sie reden ja nur, damit der Mann inzwischen wegläuft! Was liegt denn Ihnen dran, ob ich ihn finde oder nicht?

PAUL Ich hab was gegen Spürhunde.

TORMANN Ich will wissen, wer es war. Ich will wissen, warum er es getan hat. Mit so einem braucht man kein Mitleid zu haben, der gehört eingesperrt.

PAUL Sie haben kein Herz, Tormann.

TORMANN Ich hab vor allem keine Zeit, Herr Immergrün.

Tormann stößt Paul beiseite und geht hinter den Holzstoß. Ein paar Polizisten kommen die Straße am Kanal entlang, während Paul zum Kaffeehaus hinaufschlendert. Die Polizisten kommen auf die schlafenden Männer zu.

POLIZIST Was machen Sie hier?

DER MANN Schlafen, wenn man uns lässt.

POLIZIST Haben Sie einen Mann mit einem braunen Anzug und einer Sportmütze gesehen?

DER MANN Mittelgroß, mit einer Brille?

POLIZIST Ja, stimmt, wo ist er denn hingegangen?

DER MANN Ich habe ihn ja nicht gesehen, man hat nur nach ihm gefragt.

POLIZIST Wer?

DER MANN *gleichgültig* Ein Mädel, sie hat Karl gerufen.

POLIZIST Stimmt. So heißt er. Nach welcher Seite ist sie weggegangen?

DER MANN Hierhin oder dahin. Wir kümmern uns nicht um Liebespaare.

Die Polizisten gehen hinter den Holzstapel nach rechts. Mariechen kommt von ihnen ungesehen nach vorn.

PAUL *von oben, halblaut* Mariechen! Komm herauf!

MARIECHEN Ich hab ihn nicht gefunden. Ich muss zur Brücke.

PAUL Komm herauf, Mariechen!

MARIECHEN Ich kann doch nicht!

PAUL Du sollst heraufkommen, sag ich! *Mariechen gehorcht widerwillig.* Du hast ihn nicht gefunden?

MARIECHEN Nein, ich muss weiter!

PAUL Du bringst sie nur auf seine Spur! Du bleibst hier!

MARIECHEN *fast weinend* Ich weiß selber nicht mehr, wo ich ihn suchen soll!

PAUL Komm herein, Mariechen, wir haben ein paar Minuten Zeit, ich möchte einen Schnaps trinken und die Ursel begrüßen.

MARIECHEN Aber wenn sie ihn ...

PAUL Wenn er nicht auf dem Holzplatz ist, können sie ihn dort nicht finden.

MARIECHEN Und wenn sie zurückkommen und bei der Brücke suchen?

PAUL Die werden nicht mehr bei der Brücke suchen, verlass dich auf mich, Mariechen.

Mariechen folgt ihm zögernd hinein. Die Bühne ist wieder leer, bis auf die beiden liegenden Männer vor dem Holzplatz. Gustav kommt aus dem Kaffeehaus, setzt sich auf die Terrasse.

ERSTER MANN Wie oft hat man uns heut schon aufgeweckt! Wenn die uns noch lang ärgern, schlaf ich morgen woanders!

DER ALTE Daran gewöhnt man sich, wenn man ein paar Nächte hier war. Hier ist immer was los.

ERSTER MANN Haben Sie schon versucht, hinter dem Holzstapel zu schlafen?

DER ALTE Es sind weniger Leute und mehr Mücken.

ERSTER MANN Dann versuch ich's jetzt mal mit den Mücken. Sie sind ruhiger, und man kann sie totschlagen.

Der erste Mann geht hinter den Holzplatz. Der Alte schläft. Es ist ein paar Augenblicke still, dann kommt Erich, das Fahrrad vor sich herschiebend, und stößt den Alten an.

DER ALTE Sie, lernen Sie erst Rad fahren!

ERICH Ich möchte es sehr gerne lernen. Das ist sehr wichtig für mich!

DER ALTE Suchen Sie vielleicht auch jemanden?

ERICH Ja, einen Mann mit einer Kappe. Ich muss ihn nach einer Hausnummer fragen. Er muss hier irgendwo sein. Ich bin in der Friedrichstraße herumgelaufen, weil er gesagt hat, dass dort ein Herr Meyer wohnt. Ich hab ihn nicht gefunden.

DER ALTE *spielt mit dem Rad herum* Es ist schon sehr gebraucht, ein alter Klapperkasten.

ERICH Ich hab es mir geborgt.

DER ALTE Ich war einmal ein guter Fahrer, 25 km die Stunde, 5 Stunden am Tag mit Leichtigkeit ...

ERICH Ich komme immer aus dem Gleichgewicht.

DER ALTE Sie dürfen sich nicht so verkrampft halten, und die Hände ganz leicht an die Lenkstange legen, nicht anklammern! Und wenn was im Weg ist, nicht darauf hinstarren, sonst fährt man hinein. Ich hab ein schönes Rad gehabt, mein Junge auch. Jetzt hab ich keins mehr, den Jungen auch nicht. Er hat Emil geheißen. Sie sehen ihm ähnlich. Deswegen sind Sie mir sympathisch. Versuchen Sie noch einmal, ich halte den Sattel.

Erich steigt auf. Der Alte hält das Fahrrad fest und läuft neben ihm her.

DER ALTE Schlafen kann ich jetzt doch nicht mehr. – Nicht so nervös! Warum zittern Sie denn am ganzen Körper? Schlapp! Nachkriegsgeneration! Was passiert Ihnen denn schon, wenn Sie herunterfallen? Beide Hände ganz leicht auf die Lenkstange legen! – So!

Rufe und Signale der Polizei.

ERICH Was ist denn das?

DER ALTE Ach, die Polizei! Die laufen hier schon den ganzen Abend herum. Die suchen jemanden.

Alles während er den Sattel hält und neben Erich herläuft.

ERICH Wen denn?

DER ALTE Irgendeinen Verbrecher. Einen Dieb oder so was. Da kommt wieder eine Streife. So, richtig! – Jetzt geht's!

ERICH *leise* Lassen Sie los!

DER ALTE Kann ich jetzt auch. Langsam! – Nicht so hastig! Es brennt ja nicht! Vergessen Sie nicht [das] Treten. Bravo! Da, sehen Sie!

Erich fährt mit dem Rad die ganze Länge der Bühne entlang, stürzt, rafft sich auf, läuft zum Kanal.

DER ALTE Was ist denn? Was treiben Sie denn? So wirft man doch ein Rad nicht hin! Auch wenn es nicht viel taugt.

Der Alte geht langsam mit seinem lahmenden Fuß nach hinten auf das Rad zu. – Tormann kommt zurück, geht suchend ein paar Schritte hinter den Holzstapel. In diesem Augenblick klopft Gustav an die Scheibe des Kaffeehauses. Paul und Mariechen kommen heraus. Paul bleibt im Schatten stehen.

TORMANN Ist hier nicht ein Mann vorbeigekommen ...

Die Polizeistreife ist jetzt im Vordergrund der Bühne. Oben schiebt Paul Mariechen nach vorn. Mariechen springt die Treppe hinunter und wirft sich Tormann an den Hals.

MARIECHEN Karl! Karl! Ich hab dich überall gesucht. Die Polizei ist hinter dir her!

TORMANN *versucht sie abzuschütteln* Was wollen Sie denn? Wer sind Sie denn?

MARIECHEN Es nützt nichts mehr, Karl, wenn du dich verstellst, die Polizei weiß alles!

In diesem Moment legt ein Polizist die Hand auf Tormanns Schulter.

POLIZIST Sie sind verhaftet.
TORMANN Was soll das heißen?
POLIZIST Versuchen Sie nicht zu leugnen. Mittelgroß, hageres Gesicht, braunes Haar.
TORMANN Ich bin blond.

In diesem Moment hört man das Aufklatschen eines Körpers im Wasser des Kanals und zugleich das gellende Geschrei des Alten.

DER ALTE Um Gottes willen! Was machen Sie denn? Da ist ein Junge ins Wasser gegangen!

Ein Polizist und der andere Mann vom Holzplatz laufen nach hinten, während vorn ein Polizist zu Tormann sagt:

POLIZIST Die Brille haben Sie abgenommen.
TORMANN Ich trage keine Brille.
DER ALTE *schreit hinten* Spring doch hinein! Ich kann nicht schwimmen mit meinem Bein!
DER ERSTE MANN Entweder er schwimmt, dann braucht er mich nicht, oder er will Schluss machen, dann weiß er warum und ich brauch mir nicht meine letzte Hose nass zu machen.
POLIZIST *vorn* Wie heißen Sie?
TORMANN Ich heiße Tormann.
POLIZIST Karl mit dem Vornamen?
TORMANN Nein.

POLIZIST Haben Sie eine Legitimation bei sich?
TORMANN Nein.
POLIZIST *unten am Kanal* Ich mache ein Boot los.
POLIZIST *vorn* Wo waren Sie am letzten Sonnabend um elf?
TORMANN In der Untergrundbahnstation Nordbrunnen.
POLIZIST Sie haben also eingesehen, dass Leugnen vergeblich ist?
TORMANN Ich hab gearbeitet. Ich wollte mit der U-Bahn nach Hause fahren, ich und meine Braut.
POLIZIST Kommen Sie!
TORMANN Glauben Sie vielleicht, dass ich der Dieb bin? Der ist hier versteckt, ich weiß es.
DER ALTE *man hört seine Stimme vom Kanal her* Man kann ihn doch nicht ertrinken lassen! Er ist ja noch ein Kind!

Der Polizist legt die Hand auf Tormanns Schulter.

TORMANN *in ausbrechender Wut* Mich wollen Sie auf die Polizei bringen? Ich such ihn seit Tagen! Ich hab ihn festgehalten in der U-Bahn! Diesen Schlips hab ich ihm abgerissen!
POLIZIST Das kann auch Ihr Schlips sein.
TORMANN Ich lass mich nicht einsperren!

Tormann reißt sich los, will fort. Die zwei Polizisten packen ihn, pfeifen, andere kommen herbeigelaufen, Tormann schlägt um sich.

TORMANN Heute Nacht hätt ich ihn gefangen! Ihr findet ihn ja nie! Und mich sperrt ihr noch ein! Wenn ihr mich wieder herauslasst, ist er über alle Berge! Lassen

Sie mich los, hören Sie! Heute Nacht hätt ich ihn gefasst!

Die Polizisten führen Tormann trotz seines heftigen Widerstandes fort. Es ist jetzt sehr still. Man hört wieder stärker das Violinspiel aus dem Kaffeehaus.

ERSTER MANN *unten am Kanal* Glauben Sie, Sie haben dem Jungen einen großen Gefallen getan, wenn ihn die Polizei wieder herausfischt und gleich mitnimmt?

DER ALTE Vielleicht ist er an Land geschwommen. Ich nehm ihm sein Rad mit, er wird es brauchen, wenn er herauskommt. Warum er denn ins Wasser gegangen ist, so ein Junge ... *Er kommt nachdenklich nach vorn und spricht wie zu sich selbst.* Mein Emil ist an den Pocken gestorben. Wir haben ihn nicht impfen lassen. Meine Frau hat gesagt, heute stirbt keiner mehr an den Pocken. Das war wahrscheinlich ganz gut. Denn was wär vielleicht aus dem Emil geworden, wenn ihn meine Frau hätte impfen lassen, und er hätte nicht die Pocken gekriegt ...

Die beiden verschwinden hinter dem Holzstapel. Die Bühne ist leer.

DR. BACH *kommt die Straße entlang, durch ein Geräusch vom Kanal aufmerksam gemacht, läuft er hinunter, beugt sich über das Wasser* Was ist denn das? Was machen Sie denn da?

ERICH Ist die Polizei fort?

DR. BACH Kein Mensch ist hier. Kommen Sie einmal her, was sind denn das für Sachen? Hundejung ist der Kerl und geht in den Kanal!

ERICH Ich wollte ...

DR. BACH *während er Erichs Hände reibt und seine Arme bewegt* Interessiert mich gar nicht, warum und weshalb. Geht mich gar nichts an. Wir sind nicht in der Beichte. Ist gar nicht leicht, sich umzubringen, wenn man ein guter Schwimmer ist, wie? Da muss man sich schon einen Stein um den Hals binden. Na ja, da kann ich mich ärgern, wütend kann ich werden über so was!

ERICH Ich hab mir nicht helfen können. Aber so einer wie ich ist auch zum Sterben zu feig.

DR. BACH Das haben schon große Feiglinge fertiggebracht. Kommen Sie da hinein, einen Schnaps trinken!

ERICH Nein, da sind zu viel Leute. Und die Musik, das kann ich jetzt nicht aushalten.

DR. BACH Gut, wie Sie wollen. Sie müssen keine Angst vor mir haben. *Wütend.* Ein dummer Junge sind Sie! *In ganz anderem Ton.* Man muss schon einmal neben einem gesessen sein, der sich zu Tode röchelt, einem die Hand umklammert, und man kann das Leben nicht halten. Dann merkt man, was es ist. *Während er immer noch Erichs Füße und Hände reibt.* Haben Sie schon einmal eine Lunge gesehen? Dieses wunderbare Netz aus unzähligen Bläschen? Oder ein schlagendes Herz? Wissen Sie, was für ein unfassliches Wunder Ihr Gehirn, Ihr Blut, Ihr Aug, Ihr Atem, Ihr Schlaf ist? Wenn Sie als Arzt von morgens bis abends Ihre Ohnmacht spüren, zu geben, was nur die Natur schenkt, dann kommt einem die Wut hoch, wenn so ein grüner Junge das einfach wegwirft, weil ihm irgendetwas nicht passt.

ERICH Ich hab keine Kraft mehr.

DR. BACH Das Leben ist kein Lutschbonbon, Herr. Mir schmeckt's auch nicht immer. Hab einmal geträumt von guter Praxis, berühmter Arzt. Hier oben, da sind meine Wartesäle, Operationssaal, Ambulanz, alles. Ich bin kein Arzt für reiche Leute, ich bin ihnen zu grob. Das geht Sie eigentlich auch nichts an. Und mich gehen Ihre Angelegenheiten nichts an.

ERICH Lassen Sie mich jetzt nicht allein. Ich versteh nicht, wie alles gekommen ist. Ich bin kein schlechter Mensch. Ich wollte leben, ohne jemanden zu kränken. Ich wollte arbeiten und in die Höhe kommen, und jetzt bin ich ein Dieb.

DR. BACH Ich hab Sie nicht danach gefragt.

ERICH Ich lauf immer daneben. Ich hab keine Ellbogen. Ich pass nicht in die Zeit.

DR. BACH Das hab ich nicht gern, auf die Zeit schimpfen, auf das Leben. Man ist nicht zu gut für seine Zeit, man ist immer noch zu schlecht dafür. Ziehen Sie die Jacke aus. *Erich gehorcht nicht gleich.* Ziehen Sie die Jacke aus, hab ich gesagt. *Dr. Bach hängt Erich seinen Rock um.* So, jetzt bring ich dich ins Bett.

ERICH Nicht nach Hause!

DR. BACH Sprich nicht so viel! In ein Bett kommst du, eine Decke wirst du über dem Bauch haben und ein Kissen unterm Kopf. Warm wirst du sein und trocken. Und weißt du, was sein wird, wenn du aufwachst? Morgen!

Dunkel.

ZWEITER TEIL

ERSTE SZENE
(Schaufensterszene)

Nacht. Eine Straße vor dem Schaufenster eines vornehmen Lederwarengeschäfts. Darin steht auf einer Drehscheibe, als eleganter Herr gekleidet, eine dicke Puppe, die sich ruckweise nach rechts bewegt und dabei einen Arm mit einer Brieftasche ausstreckt und wieder zurückzieht. Der andere Arm klopft nach jeder Umdrehung an die Fensterscheibe. Tormann kommt langsam von links. Er ist in einem Zustand von leichter Trunkenheit. Er bleibt stehen, sieht sekundenlang die Puppe an, die eben den Arm mit der Brieftasche zu ihm hinstreckt. Tormann will danach greifen. Die Puppe dreht sich weiter, unaufhörlich, töricht, ihren dicken Hintern, Profil, Vorderseite, ohne aufzuhören.

TORMANN Geben Sie her! – Warum drehen Sie sich denn um? Weil ich im Gefängnis war? Man hat mich ja eben wieder herausgelassen, nach vierundzwanzig Stunden. Wissen Sie, wer für mich ausgesagt hat? Paul Immergrün. Verstehen Sie, warum? Ich nicht. – Geben Sie doch her! – Ja, ich hab getrunken. Das kann auch über Sie kommen, einmal, wenn Sie's auch heute nicht glauben. Geben Sie mir die Brieftasche! – Das Ganze war ein Irrtum. Man hat sich bei mir entschuldigt. Ich soll den Mann weiter suchen. Sie werden mir sogar Arbeit geben, wenn ich ihn finde. – Aber ich weiß nicht, wo ich ihn noch suchen soll. Eine Frau war im Zimmer, in dem sie mich vernommen haben. Sie hat eine Scheibe eingeschlagen, damit man sie mitnimmt. Sie hat geweint, wie man sie wieder fortgeschafft hat. Zwei Tränen in ein graues Tuch. – Sie weinen wahrscheinlich nicht. Ich auch nicht. Ich hab das nicht gelernt. Dann hat man die Tür hinter mir zugesperrt. Das hat mich geärgert. Eine Tür, die nicht aufgeht, ist doch keine Tür! – Drehen Sie sich doch nicht immerfort um! Das tut man doch nicht! Wozu strecken Sie mir denn die Brieftasche hin, wenn Sie sie mir dann nicht geben? Wozu drehen Sie sich denn immerzu wie ein Karussellpferd?

Tormann wird immer verzweifelter und gereizter durch die gleichmäßige Unerbittlichkeit, mit der die Puppe sich dreht.

TORMANN Ich hab Ihnen schon genug erzählt. Ich will nicht mehr reden! Soll ich mich ausziehen vor Ihnen? Den Rock? Die Hose? – Klopfen Sie nicht! – Soll ich vielleicht zu meinem Mädel gehen, weil sie Angst um mich hat? – Ich kann aber jetzt nicht zu ihr, – warum? – Das geht Sie gar nichts an! Ich weiß, sie hat ein Kind von mir. – Was kümmert Sie das? – Geben Sie her! Sie brauchen doch die Brieftasche nicht! Sie stehen doch hinter Glas! – Ihnen reißt keiner den Rock ab, dann das Hemd, dann die Haut, dann das Fleisch. Die Knochen halten am längsten. Die sind noch da, wenn wir lang nicht mehr da sind. – Aber Ihnen macht das doch nichts aus, weil Sie keine haben. – Ich möchte auch hinter Glas stehen und mich drehen wie Sie, im Kreis herum drehen. Tanzen möcht' ich, bis ich umfalle, auf einem Tanzboden, Sonntag, im Qualm unter Biergläsern. Und Montag möcht' ich auf meinem Bau stehen und mich sechs Tage darauf freuen, dass ich am siebenten nicht mehr dort stehen muss. – Ich sag's Ihnen zum letzten Mal, Sie hinter Glas! Geben Sie her, denn ich muss leben, und Sie sind doch ausgestopft! *Er tritt einen Schritt näher.* So eine Glasscheibe ist kein

Felsen! Eine Glasscheibe kann man durchschlagen! – Haben Sie keine Angst? *Leise, die Stirn an der Scheibe.* Wer hat Ihnen denn gesagt, dass ich keine Scheibe einschlagen kann, – Sie, hinter Glas?

Dunkel.

ZWEITE SZENE

Abends am See in der Nähe des Zeltlagers. Im Dunkel steht eine Badehütte. Aus der Hütte dringt das Geräusch der Boote, die sich bewegen und an ihrer Kette reißen. Daneben ist ein Brunnen, an dem Lachmann einen Eimer mit Wasser volllaufen lässt. Dr. Bach und Ursel kommen von links. Bach geht auf Lachmann zu.

DR. BACH Guten Abend.

LACHMANN Guten Abend.

DR. BACH Haben Sie hier irgendwo einen jungen Burschen gesehen, ungefähr zwanzig? Er hat einen blauen Anzug an. Er ist krank.

LACHMANN *lässt ruhig seinen Topf volllaufen* Ich hab keinen gesehen. Ich hab Kreuzworträtsel gemacht, bis man nichts mehr sehen konnte. Jetzt machen wir Tee. Es wird schon kalt, und mit Seewasser schmeckt er nicht.

DR. BACH Tee ist kein schlechter Gedanke.

LACHMANN *zögernd* Wenn Sie wollen, können Sie ja mittrinken. Das heißt, ich weiß nicht, ob noch zwei Tassen da sind. Und dann, ob meine Frau ...

DR. BACH Danke, irgendein Glas wird sich schon finden.

LACHMANN Sie fragen nur nach dem Zelt von Lachmann. Stühle haben wir nur zwei. Aber Sie können ja auf einer Kiste sitzen. Hoffentlich finden Sie den jungen Mann im blauen Anzug. *Er geht fort.*

URSEL Ich weiß nicht, Doktor Bach, warum er hier sein soll. Wir verlieren unsere Zeit, und inzwischen kann weiß Gott was mit ihm geschehen.

DR. BACH Nichts wird geschehen. Er ist bestimmt hier. Was er will, weiß ich nicht. Gestern und heute hat er im Fieber immer wieder von der Badehütte am Möritzsee gesprochen. Es gibt nur die.

URSEL Er war heut Morgen so schwach, dass er mitten im Wort eingeschlafen ist. Wie soll er denn hier herausgekommen sein, warum?

DR. BACH Das weiß ich nicht. Da fragen Sie mich zu viel. Ich kann ja nicht den ganzen Tag bei dem Lausejungen sitzen und meine Zeit vertun. Verlieren Sie Ihre Stelle im Café, wenn Sie heute Abend nicht spielen?

URSEL Vielleicht.

DR. BACH Ich werde dem Besitzer sagen, er soll Sie hinauswerfen, weil Sie mich stören. Dann behält er Sie bestimmt. Kommen Sie, wir gehen jetzt Tee trinken.

URSEL Nein.

DR. BACH Ja. Wir borgen uns eine Laterne aus. Oder glauben Sie, dass Ihre schönen Augen genug leuchten, dass wir nicht in den See fallen? – Na also!

URSEL Lassen Sie mich hier! Ich kann nicht unter fremde Menschen gehen, bevor ich ihn gefunden habe.

DR. BACH Vorwärts! Sie können ja gleich wiederkommen!

LACHMANN *kommt scheu und verlegen* Seien Sie nicht böse, Sie können keinen Tee mit uns trinken. Meiner Frau ist nicht wohl.

DR. BACH Da haben Sie Glück. Ich bin nämlich Arzt. Das werden wir gleich haben. Vorwärts, Ursel! Das Fräulein wird mir assistieren.

Dr. Bach zieht den zögernden Lachmann fort. Ursel geht hinter ihnen. Eine Sekunde lang bleibt die Bühne leer. Dann kommt Erich, die Arme beladen mit Zweigen und Holzstückchen, die er aufeinandertürmt; er läuft zurück und schichtet einen Stoß an der Wand der Bootshütte auf; verschwindet und kommt mit Papier wieder. Jagt eine Katze aus der Hütte, die erschrocken ins Dunkel springt, beugt sich nieder, nimmt eine Streichholzschachtel aus der Tasche, versucht anzubrennen. Das Streichholz erlischt. Er fasst mit zitternden Fingern nach einem anderen, das Flämmchen brennt und verlischt. Er wühlt in Zeitungspapier, hält ein neues Zündholz daran. In diesem Augenblick stürzt Ursel zu ihm hin, reißt ihm die Streichholzschachtel fort.

URSEL Erich! Was wolltest du machen?

ERICH Lass mich!

URSEL Komm nach Haus!

ERICH Du darfst mich nicht halten! *Er versucht wieder aufzuspringen.*

URSEL Du bist krank. Du hast Fieber! Was tust du hier? Sag es mir um Gottes willen!

ERICH Er muss Arbeit haben. Er soll bauen!

URSEL Wer?

ERICH Ich kann's dir nicht sagen. Lass mich! Lass mich los!

Er reißt sich los, packt einen dürren Zweig, steckt ihn in Brand und wirft ihn in das Papier, das sofort aufflammt.

ERICH Siehst du, wie das aufleuchtet? Es ist wie eine Fackel! Der ganze Himmel wird rot davon. Morgen wird mein Freund nicht mehr verzweifelt sein, und er wird die Hütte aufbauen, viel schöner als sie war!

URSEL *springt auf das brennende Papier zu, stampft es nieder und ruft* Doktor Bach! Doktor Bach! Doktor Bach!

DR. BACH *kommt eilig, hinter ihm Lachmann* Was ist denn hier los? Herr Lachmann, helfen Sie da einmal ein bisschen mit!

Lachmann und Dr. Bach werfen die brennenden Zweige ins Wasser. Langsam brennt die Flamme nieder, wird von den Männern ausgetreten.

LACHMANN Wie hat denn das passieren können?
ERICH Ich hab's getan.
DR. BACH Das ist der junge Mann, den wir gesucht haben, der krank ist. Hat sich auch auf den Kopf geschlagen, sonst wirft man nämlich nicht brennende Zigaretten in trockenes Zeitungspapier!
LACHMANN Na ja, wenn einer krank ist ... Ich seh die Zigarette gar nicht, die muss doch da sein ... *Zögernd.* Haben Sie vielleicht noch eine, die Sie mir abgeben können?
ERICH Leider nein, ich hab keine. Ich bin Nichtraucher.
LACHMANN Sie können ruhig sagen, dass Sie mir keine geben wollen. Aber ich muss meinen Tee hergeben!

Dr. Bach gibt ihm eine Zigarette. Lachmann geht ärgerlich ab.

DR. BACH Hören Sie mal, mein Junge. Mir beginnt langsam die Geduld auszugehen mit Ihnen. Man zieht Sie aus dem Wasser. Sie machen Feuer. Was kommt jetzt? Gut, dass es nicht mehr als vier Elemente gibt. Mit denen müssen Sie auskommen! Sagen Sie, zum Teufel, warum steigen Sie in der Nacht aus dem Bett, um eine Badehütte anzuzünden? Sind Sie übergeschnappt?
ERICH Ich wollte, dass Karl Arbeit hat. Die Hütte ist versichert, Sie wissen's doch. Man hätte sie aufbauen müssen. Er hätte es als Erster gewusst. Er hätte bauen können! Sie wissen doch, Doktor Bach, Sie haben mich doch zu ihm gebracht. Er hat mir sein Zimmer gegeben. Ich weiß gar nicht, wo er schläft. Ich muss doch

auch einmal etwas für ihn tun! Er geht zugrunde, weil man ihn nicht bauen lässt. Einmal im Leben wollte ich was Wirkliches tun!

DR. BACH Mit zwanzig Jahren und 39 Grad Temperatur kann man das für eine Lösung halten! Sie wären heute Abend eingesperrt worden, und er hätte die Arbeit nie bekommen.

Ursel steht auf und will weggehen.

DR. BACH Ursel, wohin gehen Sie denn?

URSEL Fort, Doktor Bach. Sie bringen Erich zurück. Was soll ich denn hier? Er will mich nicht, und ich muss die Barcarole im Café spielen.

DR. BACH Wer will Sie nicht? Wenn Sie nicht zu mir gelaufen wären, hätten wir den jungen Mann da nie gefunden. Zum Teufel, Junge, wenn du das Mädel weggehen lässt, das ist noch dümmer als das mit dem Wasser und mit dem Feuer. Das ist ein Rekord!

ERICH Sie hat Recht, Doktor Bach. Ich darf dich nicht halten, Ursel. Ich kann dir nicht sagen: Bleib bei mir. Ich bin jetzt ganz klar. Ich weiß, was ich sage. Geh fort! Hab mich nicht lieb!

URSEL Warum willst du nicht, dass ich bei dir bleibe, Erich? Warum lässt du mich nicht bei dir?

ERICH Das ist doch noch das einzig Anständige an mir, dass ich gemein zu dir bin. Verstehst du das nicht? Ich hab keinen Boden unter mir. Ich glaube nicht mehr an das, woran ich geglaubt habe. Und ich weiß nicht, woran ich glauben werde. Ich fühle, dass die Welt aus den Fugen geht. Ich habe Angst. Ich kann nicht kämpfen, ich kann dich nicht schützen. Ich habe ein Held werden wollen. Ich bin keiner. Ich habe die Welt ändern wollen. Ich kann es nicht. Ich bin nichts als ein dummer Bursche von einundzwanzig Jahren, der viel Unnützes gelernt hat und den keiner brauchen kann. Wenn ich dir sag: Komm zu mir, – und du fragst mich: wohin? – dann weiß ich keine Antwort. Ich kann nicht sagen, komm mit mir, weil ich nicht einmal ein Morgen vor mir sehe, Ursel.

URSEL *ruhig* Ich spüre das alles wie du. Aber wenn man viel Hunger gehabt hat, weiß man, was ein Stück Brot ist. Weil ich viel allein war, weiß ich, was es heißt, wenn ein anderer da ist. Weil ich sehr gefroren habe, spür ich, wenn mir einmal warm ist. Neulich abends, an dem Tag, wie ich nicht gewusst hab, ob du lebst, wie ich durch die Straßen gelaufen bin, um dich zu suchen, da hab ich plötzlich durch eine Fensterscheibe in einem Senfglas zwei Rosen gesehen. Noch nie ist mir etwas im Leben so schön vorgekommen, gerade damals, gerade in dieser Angst! Und weil alles jetzt so schwer ist, weil jedes bisschen Glück so bedroht ist, darum habe ich dich lieber, als ich dich haben könnte, wenn wir wie unsere Eltern, und manche Menschen noch heute, miteinander spazieren gingen wie richtige glückliche Leute. Ich lasse dich nicht mehr los!

DR. BACH Recht hat sie, mein Junge! Weil sie eine Frau ist, verstehst du? Die brauchst du für den Morgen, von dem du da geredet hast! Die ist bestochen von der Zukunft, für die sie Kinder haben will.

ERICH *fasst Ursels Hand* Du willst wirklich bei mir bleiben? Ich begreife das nicht …

LACHMANN *kommt* Hier ist der Tee. Meine Frau ist krank, sie will nicht, dass Leute zu ihr kommen. Glas haben wir keins. Bringen Sie den Topf zurück, nachher. *Ab.*

Beide trinken Tee.

DR. BACH *spricht vor sich hin, ohne sich um die beiden zu kümmern* Da fällt mir etwas ein, eine Fabel – gehört vielleicht gar nicht hierher. Von zwei Fröschen, die einmal abends – es war schon ziemlich finster – in ein Milchglas fielen. Der Erste, der schrie: oh Gott, oh Gott, ich bin verloren! –, tat keinen Mucks, ging unter und ersoff. Der Zweite, der begann, wie ein Wilder um sich zu schlagen mit seinen vier Beinchen, der hat sich gewehrt, dass die Milch nur so hoch gespritzt ist, und am nächsten Morgen saß er auf der Butter, sprang herunter und hüpfte zu seinem Teich. Das hinkt natürlich, wie alle Beispiele. Das Leben ist kein Milchglas, und wir sind keine Frösche. Trotzdem ist was dran! Ersaufen ist bequemer als sich durchschlagen, junger Herr. – *Er packt Ursel an der Hand.* Heut Nacht lassen Sie den Jungen nicht mehr aus den Augen! Halten Sie ihn fest! Bleiben Sie bei ihm! Die ganze Nacht …

ERICH *erregt* Doktor Bach!

DR. BACH Ich weiß, was ich sage, Junge, und ich weiß, was geschehen wird mit euch beiden. Ich weiß, wie du aufwachen wirst, wenn sie bei dir ist. Trau dich, glücklich zu sein, Dummkopf! Zu zweien weint sich's leichter. Du wirst mindestens drei Stunden lang glauben, dass du die Welt aus den Angeln heben kannst. Es wird dir guttun zur Abwechslung. Ich bin kein alter Kuppler! Ich stecke meine Nase sonst nicht in Liebessachen. Es geht mich nichts an, was die Leute tun, und was sie bleiben lassen. Ursel, ich verschreibe dich hier als Medizin! Das ist ein Rezept. Verstehst du, was eine Blutspende ist? Gib her! Kannst vielleicht verbluten. Kann auch sein, dass er dein Blut gar nicht verträgt. Aber hergeben musst du's! Es gibt nicht viele Stunden, wo man stärker ist als das Leben, fast so stark wie der Tod. Heute Nacht seid ihr's! *Er fasst sie beide an, drin-*

gend. Morgen vielleicht reißt man euch auseinander! Vielleicht fällt euch das Dach auf den Kopf! Vielleicht knurrt euch der Magen vor Hunger, – sogar sicher! Verstehst du das Rezept? Es gilt nicht für ewig, weiß Gott! Aber heute Abend auf nüchternen Magen zehn Tropfen Glück!

Dr. Bach geht fort.

URSEL *leise* Wir wollen hierbleiben, ja? Oben im Bootshaus liegen Kissen. Da mach ich uns ein Bett.

ERICH Warum kann ich dir nicht etwas sagen, was kein Mann noch zu einer Frau gesagt hat? Ein ganz neues Wort, das nicht abgegriffen und verbraucht ist!

URSEL Ich möchte gar nichts anderes von dir hören, als was alle Menschen gesagt haben, die vor uns glücklich waren, und was alle sagen, die es nach uns sein werden.

ERICH Ich hab dich lieb, Ursel. *Er küsst sie, ein schöner, weicher Kuss.*

URSEL Du musst aber den Schal wieder umnehmen, weil es sehr kühl wird.

Dunkel.

DRITTE SZENE

Ein sehr einfaches, sehr ordentlich gehaltenes kleines Zimmer. Nelly sitzt auf dem Bettrand und stopft Strümpfe. Über dem Bett hängen in großen Rahmen die Bilder der Familie Schmidt, ihrer Vermieter. Es klopft. Nelly fährt zusammen.

NELLY *kaum hörbar* Herein.

Henschke tritt ein, maskiert seine Verlegenheit durch schnelles Reden.

HENSCHKE Es ist sehr finster auf der Treppe. Ich wär beinahe gefallen. Hübsch ist es bei Ihnen, Fräulein Nelly, so wohnlich, so geräumig. *Er zeigt auf das Bild von Frau Schmidt.* Nettes Bild. Wer ist denn die Dame?

NELLY Meine Wirtin, Frau Schmidt.

HENSCHKE Und das ist der Herr Gemahl? Ich meine, der Gemahl Ihrer Wirtin? Herr Schmidt, wie ich vermute.

NELLY Ja.

HENSCHKE Sie wohnen schon lange hier?

NELLY Vier Jahre. Ich war schon da, wie die Jüngste kam.

HENSCHKE *betrachtet das Bild des Kindes an der Wand* Allerliebst, ein reizendes Mädchen! Auch der Junge hier!

NELLY Der ist klug. Den hab ich manchmal für die Schule abgehört. Aus dem wird was.

HENSCHKE Hoffentlich, hoffentlich. Und die ganze Familie ist jetzt zu Hause?

NELLY Frau Schmidt ist gestern mit den Kindern aufs Land gefahren. Herr Schmidt hat Dienst.

HENSCHKE Ausgezeichnet. Die Pflicht über alles. – Und das hier? *Er nimmt Tormanns Fotografie.*

NELLY *reißt sie ihm aus der Hand* Das ist ein Bekannter.

HENSCHKE *behutsam* Ich wollte nicht indiskret sein. Es wäre ja auch ein Wunder, wenn ein so schönes Mädchen wie Sie keine Beziehungen hätte. Das kann man Ihnen ja nicht übelnehmen. Darf ich den Rock ablegen?

NELLY Hängen Sie ihn hierher.

HENSCHKE Ich kann Ihnen nicht sagen, wie glücklich ich bin, dass Sie mir erlaubt haben, hierher zu kommen; was es mir bedeutet, dass Sie mich ein bisschen gernhaben, Nelly. *Er will den Arm um sie legen, sie weicht erschrocken zurück.* Ich tu Ihnen doch nichts, Kleines! Haben Sie Angst vor mir? Bin ich denn so schrecklich? Ich hab gar nicht gedacht, dass ich jemanden so einschüchtern kann.

NELLY Können Sie mir das Geld nicht borgen? Ich geb es Ihnen sicher zurück.

HENSCHKE Sprechen Sie jetzt nicht von Geld! Ich möchte nicht, dass in dieser Stunde das Wort Geld fällt. Sie haben mich lieb, Nelly, nicht wahr? Ein bisschen lieb? Wenigstens gern! Ich bin Ihnen zumindest sympathisch. Sonst hätten Sie mich doch nicht hierherkommen lassen, nicht wahr?

NELLY Nein, sonst hätt ich Sie nicht hierherkommen lassen, Herr Henschke.

HENSCHKE Sag Eduard zu mir!

NELLY *mechanisch* Eduard.

HENSCHKE Ich hab so viel Ärger gehabt in der letzten Zeit. So viel Sorgen. Leg die Hand auf meinen Kopf, das tut gut. So jung bist du, so süß. Ich könnte dein Vater sein. *Er betrachtet sich in der Spiegelscheibe des Schrankes.* Vorn ist das Haar schon ein bisschen schütter. Das macht die Stirn hoch. Diese Falten gehen wieder weg. Die hab ich erst in den letzten Monaten bekommen. Ich hab Spekulationen gemacht. Aber reden wir nicht davon. Ich hab vier Glas Bier getrunken, bevor ich hierherkam. Vor Freude, Nelly! Vor Vorfreude. *Er spricht immer lallender und unsicherer.* Ich möchte die Sorgen vergessen, alles vergessen. Ich möchte mich ein paar Augenblicke auf dein Bett legen und schlafen. *Er dreht das Oberlicht ab.* Setz dich zu mir, Nelly, leg mir die Hand auf die Stirn. Wir haben ja Zeit, ich kann ja bis morgen bei dir bleiben. Ich geb dir alles, was du willst. Ein Auto, einen Pelz. Nicht jetzt, später, bis ich reich bin. Jetzt möcht ich ein paar Minuten schlafen. Sing, Nelly! Sing etwas. Ich schenk dir viel Geld, für jede Strophe fünfzig Mark. Sing »Eia popeia, was raschelt im Stroh.« Das hab ich so gern.

NELLY *beginnt zu singen*

Eia popeia, was raschelt im Stroh?
Sind die kleinen Gänslein, die haben keine Schuh.
Schuster hat's Leder, kein Leisten dazu,
Drum geh'n die armen kleinen Gäns ohne Schuh.
In derselben Melodie fortfahrend.
Ich kann das doch nicht tun, was die andern Mädchen können,
Hören Sie nicht, ich kann ja nicht, auch wenn Sie mir hundert Mark geben.

HENSCHKE Sing weiter, Nelly!

NELLY Eia popeia, was raschelt im Stroh?
Sie sind ja ein hässlicher alter Mann.
Und ich hab ein Kind von meinem Freund.
Sind die kleinen Gänslein, die haben keine Schuh.

HENSCHKE Schön ... Sing weiter!

NELLY Schlaf, Kindlein, schlaf!
Dein Vater hüt' die Schaf.
Jetzt haben sie ihn auch noch eingesperrt.
Weiß Gott, wann er herauskommt.

Schlaf, Kindlein, schlaf.
Immer heftiger.
Schlaf, Kindlein, schlaf!
Ihm gehör ich, ihm.
Auch wenn du mich anfasst, du alter Affe,
Mit deinen hässlichen haarigen Pfoten.
Schlaf, Kindlein, schlaf!

HENSCHKE *halb schlafend* Sing weiter!

NELLY Schlaf, Kindlein, schlaf!
Warum kannst du nicht sterben auf meinem Bett?
Und ich hab deine Brieftasche, und du bist tot.
Dann könnten wir leben, Hans und ich und das Kind.
Schlaf, Kindlein, schlaf!

Man hört Schritte auf der Treppe. Nelly, die immer heftiger das Lied singt, achtet nicht darauf. Das Licht ist abgedreht. Nur ein kleines Nachttischlämpchen brennt. Tormann tritt ein. Nelly steht auf, macht ein paar Schritte auf ihn zu.

NELLY Hans, du bist frei? Seit wann?

Tormann antwortet nicht, tritt auf das Bett zu. Nelly wirft sich dazwischen.

NELLY Hans, sag nicht, was du jetzt sagen willst! Er ist reich! Er gibt mir Geld, dass ich die Miete zahlen kann, auch für dich. Wenn ich das Kind hab, brauchen wir Geld. Und wenn ich's nicht hab, brauch ich auch Geld. Du kannst es mir nicht geben, Hans, ich kann's nicht verdienen. Glaubst du, dass ich den lieb hab?

Tormann tritt ans Bett, schüttelt Henschke an der Schulter. Henschke öffnet die Augen, setzt sich auf.

HENSCHKE Was wollen Sie denn von mir? Wie kommen Sie denn hier herein? Ich hab das Mädel nicht angerührt!

TORMANN *in unbeschreiblicher Wut* Mit der gespickten Brieftasche kommt so einer her. Kann sich alles kaufen! Packt einen Schein nach dem anderen aus, es gibt ja nichts, was man dafür nicht kriegt!

Tormann liegt auf Henschke und reißt ihm die Brieftasche aus der Tasche, nimmt sie in seine Hände, öffnet sie. Sie ist leer. Henschke richtet sich auf.

HENSCHKE Ja – leer. Gestatten Sie, dass ich mich vorstelle? Direktor Henschke. Ich bin vor zwei Monaten ausgezahlt worden. Bis dahin hab ich dreihundert Mark im Monat gehabt. Einmal in der Woche Kegelabend, keine Frauengeschichten. Jeden Pfennig aufgeschrieben, auch die Straßenbahn. Dann hab ich achttausend Mark auf den Tisch bekommen. Achttausend Mark. Noch nie hab ich so viel beisammen gesehen. Da hab ich gedacht, ich bin ein reicher Mann. Ich hab Aktien gekauft, die sind gefallen. Ich hab Karten gespielt und hab verloren. Ich hab sehr wenig Frauen gehabt, ich versteh sehr wenig von Frauen. Ich wollte das nachholen. Das kommt ja wohl alles wieder ins Gleiche. Ich hab die letzten tausend Mark in ein Geschäft investiert. Das soll sich hundertfach amortisieren. *Er zuckt die Achseln, steht auf, knöpft seinen Rock zu.* Vielleicht. Wollen Sie meine Brieftasche zum Andenken bewahren? Ich hab mein Monogramm E.H. einpressen lassen. Eduard Henschke. Echtes Schweinsleder. Wenn ich das Geld wiederbekomme, lass ich sie mir kopieren.

NELLY Bitte, behalten Sie die Brieftasche, Herr Henschke.

HENSCHKE Direktor Henschke.

Er legt die Brieftasche auf den Tisch und geht langsam steif hinaus.
Tormann wendet sich zum Gehen.

NELLY Bleib bei mir.

TORMANN Ich kann nicht. Ich bin dir nicht böse. Ich kann nichts von dir verlangen, weil ich dir nichts geben kann. Aber ich komm nicht wieder, bis ich Arbeit oder den Mann und die fünfhundert Mark habe.

NELLY Hans, wir wollen an den See hinausziehen. Wir sparen die Miete. Und ich kann in der Früh hereinfahren. Du kannst das Boot fertigmachen. Jetzt hast du Zeit. Du hast doch immer gesagt, ein paar Tage möchtest du dabeibleiben können. Jetzt kannst du's, Hans. Mach das Boot fertig, als ob Sonntag wär.

TORMANN Sonntag gibt's nur, wenn sonst Wochentag ist. Ewiger Sonntag ist keiner. Lass mich fort!

NELLY *streichelt ihn* Bleib heute bei mir, Hans!

TORMANN *nimmt ihre Hand fort* Damit hast du den Alten gestreichelt und den lackierten Schopf von Herrn Schicktanz ...

NELLY Soll ich auch meine Stelle verlieren?

TORMANN Ich kann dir nichts verbieten. Aber ich halt's auch nicht aus, dass ich nicht jedem das Gesicht zerschlagen kann, der dir in die Nähe kommt. *Er läuft die Treppe hinunter.*

NELLY *ruft ein paarmal angstvoll* Hans! Hans!

Man hört seine verklingenden Schritte. Nelly setzt sich auf das Bett, beginnt sich müde auszuziehen.

NELLY Und das Kind, Hans? Du vergisst immer das Kind.

Sie sieht in die Höhe. Über ihr hängt regungslos die Familie Schmidt.

NELLY Sie haben gesagt, ich muss am Ersten zieh'n, Frau Schmidt, und Ihnen kann man nichts vormachen. Dabei kommt nichts Gutes heraus, und auch Ihr Mann ist nicht für so was, und das gute Bettzeug auch nicht. Wo doch Schmidt bei der Polizei ist. Und auch meine Tante hat gesagt, damit will sie nichts zu tun haben, und wer sündigt, der soll auch die Folgen tragen. Aber von einem schwangeren Fräulein werden sie doch keine Schlipse kaufen ... Wie das Lieschen kam, da haben Sie im Bett gelegen, auf den guten A-jour-Bezügen. Rechts und links vom Kissen ein Zopf und ein Veilchen am Bett, und Herr Schmidt hat Ihnen die Hand geküsst, zweimal. Das Lieschen hat einen schwarzen, weichen Schopf gehabt, wie Vogelfedern. So gut möcht' ich's auch einmal haben, Frau Schmidt.
Sie legt sich ins Bett.
Mit Georg Schmidt hab ich Erdkunde gelernt. Der hat jetzt eine Eins. Die Erde ist so groß, nicht wahr, acht Meere haben drauf Platz und fünf Erdteile. Und der riesengroße Himmel drüber. Und auf dieser großen Welt ist kein Platz für mein kleines Kind?
Sie verlöscht das Licht.

Dunkel.

VIERTE SZENE

Im »Tiefen Keller«. Das Lokal ist voll. Es ist später Nachmittag. Durch das Fenster der hinteren Wand des Lokals sieht man schräg einfallendes Sonnenlicht. Paare drehen sich im Tanz. Ursel spielt Violine. Dem Publikum nicht sichtbar, begleitet sie ein Klavierspieler. Über der ganzen Szene liegt eine Atmosphäre von abgestandenem Bier und Samstagnachmittag-Gespenstik. Hinter der Theke sitzt Frau Therese und stickt an einer Kreuzsticharbeit. Mariechen tanzt mit einem Mann im Vordergrund. Der Mann zieht Mariechen nach hinten.

DER MANN *zu Mariechen* Komm!
MARIECHEN Ich geh nicht mit Ihnen.
DER MANN Du gehst nicht mit mir?

Die beiden Sätze sind dicht vor der Theke, also für Frau Therese hörbar, gesprochen. Frau Therese steht von ihrer Arbeit auf.

THERESE Du bedienst jeden Kunden, sonst kannst du gehen.

Der Mann zieht Mariechen nach hinten. Gustav sitzt mit Walter an einem Tisch in Ursels Nähe; sie hören der Musik zu.

GUSTAV Schön ist das.
THERESE Das soll Tanzmusik sein! Da schlafen einem ja die Beine ein!

Walter fasst Ursel um die Taille; sie lässt die Geige sinken.

THERESE Warum spielen Sie denn nicht weiter, mein Kind? Wo man Ihnen das viele Geld zahlt, und wo man Sie gar nicht braucht?

Ursel nimmt die Geige ans Kinn und spielt mit unsicherer Hand.

THERESE Schneller! Es ist ja kein Leichenzug! Lustiger! Es ist ja keine Hochzeit. Können Sie denn nicht singen?

URSEL *spielt und singt*

Seit ich Sie geseh'n, Marie,
Muss ich es gesteh'n, Marie,
Im Steh'n und im Geh'n, Marie,
Denk ich nur an Sie!
Im Traum und im Wachen, Marie,
Was soll ich denn machen, Marie,
Ich bin so verliebt in Sie,
Marie!

Aus dem Nebenzimmer hört man Geschrei, ein Stuhl fällt um. Die Tür wird aufgestoßen, Paul tritt heraus, geht an die Theke, stürzt ein Glas Bier herunter. Während der ganzen Szene gehen Tanz und Musik weiter.

GUSTAV *tritt auf Paul zu* Was hat Karl gesagt?

PAUL Er geht auf nichts ein. Er will sein Geld, und fort.

GUSTAV Nach zwei, drei Gläsern wird er wollen, was du willst.

PAUL Er will sich der Polizei stellen.

WALTER *ein Glas in der Hand* Soll ich einmal mit ihm reden?

PAUL Wenn einer mit ihm fertig wird, dann bin das wohl ich, oder glaubst du nicht?

WALTER Bitte, bitte, man steht zu Diensten, das ist alles.
THERESE Nehmen Sie einen Whiskey mit!

Sie reicht Paul eine Flasche; er geht damit nach hinten und schließt die Tür. Ein tanzendes Paar im Qualm kommt nach vorn. Eine große Frau und ein kleiner Mann.

DER MANN Ich hör dein Herz schlagen, Süße.
DIE FRAU Du musst eben noch wachsen, mein Kleiner!
ZWEITE FRAU *zu ihrem Partner* Leg mir die Hand nicht auf das Kleid, das macht Flecke.

Ursel spielt mit zusammengebissenen Zähnen. Erich kommt zur Tür herein. Ursel singt, sieht nach ihm hin, wagt nicht abzusetzen. Erich tritt ganz nahe an sie heran.

URSEL Erich! – *Dann:*
Jeden Nachmittag um vier
Bin ich wie verrückt nach dir.
Leise. Ich bin froh, dass du gekommen bist – geht's dir gut? Immergrün wird gleich herauskommen!
Laut. Habe einfach keine Ruh,
Mach die Türen auf und zu,
Schrecke auf bei jedem Ton,
Laure auf das Telefon ...
Zu Erich. Hast du gegessen? Hast du kein Fieber mehr? Hast du geschlafen?
Laut. Bind den Schlips mir zwanzigmal,
Was ich tu, ist eine Qual,
Was ich mache, ist Tortur,
Und ich denk an eines nur:
Kommst du oder kommst du nicht zu mir
Heute Nachmittag um vier.
ERICH Das ist unerträglich! Ursel – liebe Ursel!

URSEL Es gibt schlimmere Sachen auf der Welt, als schlechte Musik machen. Ich bestell dir einen Tee, – du musst ihn nicht bezahlen.

ERICH Ich war ein feiger Hund, ich hab mich gedrückt. Ich hab mich nicht drum gekümmert, was du hier ausgehalten hast. – Wo ist Immergrün?

Ursel deutet, während sie weiterspielt, mit dem Kopf nach hinten.

URSEL Geh nicht hinein, er wird furchtbar jähzornig, wenn man ihn stört. Er hat nämlich Streit mit jemandem.

WALTER *hat Ursel verliebt angesehen* Singen Sie doch noch, Fräulein! Wissen Sie, dass Sie eine schöne Stimme haben? Und einen Vortrag wie eine Künstlerin? *Er trinkt.*

Zwei Männer sitzen an einem Tisch mit Gustav und spielen Karten.

ERSTER MANN *legt die Karten hin* Hast du die Krupp von der Springlove angeschaut? Die macht das Rennen, darauf kannst du dich verlassen!

ZWEITER MANN Die Mary hat die größten Chancen. Die ist gut in Form. Du kannst ja machen, was du willst.

WALTER Wissen Sie, dass Sie mir gefallen, Fräulein? Dass Sie mir sehr gefallen?

ERICH Das interessiert hier niemanden.

WALTER Das können Sie gar nicht wissen, junger Mann! Man kann nicht in eine Frau hineinschauen, ohne sie aufzuschneiden. Sie ist ein Rätsel, wissen Sie, – eine Sphinx.

URSEL Ich kann nicht spielen, wenn Sie die Hand nicht wegnehmen.

WALTER Verzeihung, eine Berufsbehinderung möchte ich natürlich nicht begehen! *Zu Erich.* Sie warten auf Paul Immergrün?

ERICH Ja.

WALTER Er hat eine Konferenz. Aber wenn Sie wollen, kann ich Sie anmelden?

ERICH Wenn Sie so gut sein wollen.

Walter geht nach hinten, öffnet die Tür. Wieder hört man aus dem Nebenzimmer heftige Stimmen.

STIMME *heftig* Lieber mach ich Schluss!

Ursel hat einen Blick von Frau Therese aufgefangen, da sie die Geige sinken lässt; beginnt sofort, hastig weiterzuspielen und zu singen. Ihre Stimme zittert, während sie einen dummen Schlager singt. Ursel lehnt sich einen Augenblick an Erich.

URSEL Das macht jetzt alles nichts aus, Erich.

Die Tür zum Hinterzimmer wird aufgerissen. Paul wirft Walter heraus.

PAUL Warte, bis wir fertig sind! *Er schließt die Tür.*

WALTER *ist an einen Tisch getaumelt, richtet sich auf, überschreit den Lärm und die Musik* Ich könnte so manches erzählen, von dem Herrn Immergrün! Genug, dass er am Galgen baumelt! Ihr glaubt doch, dass er ein goldehrlicher Kerl ist, kein anderer so lustig und freundlich wie er! Und der »Tiefe Keller« ein gemütliches Lokal mit Familienbetrieb! Jetzt passt aber einmal auf, jetzt werd ich euch was erzählen, dass ihr die Augen aufmacht!

Gustav hat sich erschrocken erhoben, geht zu Frau Therese zur Theke hin. Frau Therese nimmt ein Glas Wasser, tritt auf Walter zu, schüttet es ihm über den Kopf.

THERESE Das dritte Glas Whiskey ist das gefährlichste! Das steigt zu Kopf. Pack an, Gustav! *Sie packt ihn mit eisernem Griff, sagt zu Walter.* Sie legen sich einen Augenblick hinten aufs Sofa und machen die Augen zu, dann wird Ihnen gleich besser.

WALTER *schon viel schwächer* Ich bin nicht betrunken, ich will reden, lassen Sie mich!

THERESE *schüttet ihm den Rest des Wassers noch in den Mund* Das sagen sie alle, das ist das sicherste Zeichen. Es wird Ihnen gleich wieder besser sein. Fass ihn doch ordentlich, Gustav! Der Rausch vergeht schnell.

Sie ziehen Walter, der noch ein paarmal vergeblich zu Wort zu kommen versucht, nach hinten.

WALTER Ich bin doch aber gar nicht ...!

Die drei verschwinden. Die Musik hat aufgehört. Die Leute sind gespannt der Szene gefolgt.

ERICH *in die augenblickliche Stille* Er war nicht betrunken.

THERESE *kommt ins Lokal zurück* Es wird ihm gleich besser sein. Auf was der kommt, wenn er betrunken ist, das würde keiner glauben. Zu mir hat er gestern gesagt, ich sähe aus wie eine Waldelfe. Ja, Waldelfe hat er gesagt. So was Hauchzartes hab ich ...

Ein paar Leute lachen, versuchen, ihr Lachen zu unterdrücken,

THERESE Da müssen Sie lachen, ja, das ist komisch, nicht wahr?

Die Leute lachen jetzt ungehemmt.

THERESE *zu Ursel* Warum spielen Sie denn nicht, mein Kind? Warum stehen Sie denn schon wieder herum? Und machen Sie nicht ein Gesicht, als ob man eben Ihre ganze Familie auf den Friedhof getragen hätte!

Ursel spielt. Die Paare beginnen wieder zu tanzen; die anderen, Karten zu spielen. Mariechen kommt zurück, der Mann hinter ihr her. Er geht an den Tisch, wo Frau Therese wieder ruhig ihre Arbeit macht, und zahlt.

DER MANN Nächstes Mal möchte ich nicht Kindergeschrei aus dem Nebenzimmer hören.

THERESE Ihretwegen kann ich nicht meine Familie knebeln!

Der Mann geht weg. Mariechen geht an die Tür zum Hinterzimmer, klopft. Die Tür ist versperrt.

MARIECHEN Mach auf, Paul, ich bin's, Mariechen.

Paul öffnet die Tür, sagt ihr ein paar unhörbare Worte. Mariechen geht ins Zimmer. Paul tritt in die Schenke. Ursel hört wieder eine Sekunde auf zu spielen.

URSEL Herr Immergrün, Erich ist hier. Haben Sie einen Augenblick Zeit?

PAUL Natürlich. Für Sie und Ihre Freunde immer. Wir können uns ruhig hier unterhalten. Nirgends ist man ungestörter als in einem Saal voll Leuten. Spielen Sie weiter, Ursel, damit nicht jeder Hans zuhört.

Ursel spielt.

ERICH Sie wissen, was ich will, Herr Immergrün, irgendeine Arbeit, ganz gleich was, ich weiß, wie schwer es ist.
PAUL Wieso? Gar nicht! Ich kann Ihnen sofort etwas verschaffen, wenn Sie wollen.
ERICH Das kann ich nicht glauben, Herr Immergrün. Wissen Sie, was Sie da sagen? Ursel, hast du gehört, er hat Arbeit für mich!

Ursel nickt ihm über die Geige zu.

PAUL Sie können doch Sprachen?
ERICH Ja, Englisch, Französisch, Latein und Griechisch.
PAUL Gut, Sie werden ein paar Reisen für mich machen. An verschiedene Grenzen. Zunächst nach Belgien. Dort werden Sie ein paar Kisten Zigarren besorgen, und die bringen Sie mir dann hierher. Das ist alles. Ein Kinderspiel. Wenn Sie nicht wollen, dann geh'n Sie wieder fort. Ich finde genug andere. Überlegen Sie sich die Sache ganz ruhig und für sich allein. Geben Sie mir dann Bescheid.

Er geht an Ursel vorbei, klopft ihr auf die Schulter.

PAUL Dem helfen wir schon auf die Beine!

Er geht nach hinten. Frau Therese geht auf ihn zu.

THERESE Was ist los mit Karl? *Paul zuckt die Achseln.* Wenn Sie den Kleinen da in den Betrieb nehmen, haben wir wieder dasselbe. Nerven! Nicht zu gebrauchen! *Paul trinkt an der Theke.* Sie fangen an, Fehler zu machen, Immergrün! Einen nach dem anderen. Wenn es so weitergeht, wird es nicht mehr lang dauern mit der Herrlichkeit. Da könnte es sein, dass Sie wieder dort landen, wo Sie schon einmal waren!

PAUL Wenn Paul Immergrün damals nicht den Kopf verloren hätte, weil ein Mädel im Spiel war, wär das auch damals nicht passiert, Frau Therese. *Mit einer Verbeugung.* Und inzwischen ist dieses Mädchen fett und boshaft geworden, und die Gefahr, dass man ihretwegen Dummheiten macht, ist nicht mehr groß.

Während der ganzen Szene Gesang und Tanz. Erich ist still neben Ursel gestanden. Ursel lässt die Geige sinken.

ERICH Es ist alles gleich, was ich tue, wenn du hier herauskommst.

Die Tür wird aufgerissen. Tormann tritt ein. Immergrün, der auf die Tür zum Hinterzimmer zugehen will, bleibt stehen. Die beiden sehen sich an. Zwischendurch tanzen die Paare. Tormann schiebt sie auseinander.

PAUL Nett, dass Sie wieder einmal vorbeikommen!

TORMANN Ich hab mit Ihnen zu reden.

PAUL Bitte, reden Sie, Tormann, ich hab keine Geheimnisse.

TORMANN Ich sicher nicht. *Sie stehen jetzt dicht beieinander. Um sie herum wird getanzt.* Immergrün, ich will wissen, warum Sie mich erst ins Gefängnis gebracht und dann herausgeholt haben. Ich will wissen, wer der Mann ist, der in Ihrem Auftrag die U-Bahn ausgeraubt hat.

PAUL Das ist viel auf einmal, Tormann. Sie trinken viel in letzter Zeit, das merkt man. Wie kommen Sie auf die Idee, dass ich Sie ins Gefängnis gebracht hab?

TORMANN Das Mädchen, das mir um den Hals gefallen ist, das haben Sie abgerichtet.

PAUL Welches Mädchen? Sie können mich doch nicht dafür verantwortlich machen, wenn Ihnen ein Mädchen um den Hals fällt!

TORMANN Immergrün, Sie werden nicht mehr mit mir Katze und Maus spielen!

PAUL Ich denke gar nicht daran, Tormann! Ich möchte Sie darauf aufmerksam machen, dass Sie wahrscheinlich jetzt noch im Gefängnis säßen, wenn ich nicht wäre.

TORMANN Sie werden wissen, warum Sie für mich ausgesagt haben.

PAUL Richtig. Weil Sie ein feiner Kerl sind, Tormann, weil ich nicht mag, wenn jemandem Unrecht geschieht, und weil ich möchte, dass Sie mit mir arbeiten.

TORMANN Soll ich vielleicht auch die U-Bahn ausrauben?

Bei dieser Phase des Gesprächs stehen die beiden so, dass Paul zwischen Tormann und der Hinterzimmertür steht. In diesem Augenblick kommt Mariechen heraus, erschrickt, will zurück. Tormann packt sie an der Hand.

TORMANN Das ist sie! Ich hab's ja gewusst.

PAUL Ist das vielleicht das leidenschaftliche Mädchen? Mariechen, Herr Tormann behauptet, du wärst ihm eines Tages um den Hals gefallen. Wie kannst du dich denn so gehen lassen?

TORMANN Genug mit dem Unsinn, Immergrün! Ich will wissen, warum sie Karl geschrien hat. Ich will wissen, wo dieser Karl ist.

PAUL Da müssen Sie Mariechen fragen, Tormann, vielleicht kann sie Ihnen das sagen. – Sie müssen mich einen Augenblick entschuldigen, ich bin sofort wieder da.

Er geht in das Hinterzimmer. Mariechen sieht ihn starr an, wendet sich dann zu Tormann.

TORMANN Sagen Sie mir die Wahrheit, er hat zu Ihnen gesagt, dass Sie mich umarmen sollen. Warum haben Sie die Polizei irregeführt? Weil der wirkliche Dieb in der Nähe war? Warum haben Sie mich »Karl« gerufen?

MARIECHEN Sie sehen einem Mann sehr ähnlich, der so heißt.

TORMANN Wer hat Ihnen gesagt, dass Sie mich küssen sollen?

Tormann steht mit dem Rücken zur Tür. Mariechen weicht, den Blick auf die Tür gerichtet, immer tiefer ins Zimmer zurück, Tormann ihr nach.

MARIECHEN Es war finster. Ich hab mich geirrt.

Sie stehen jetzt in der Mitte des Zimmers, den Tanzenden im Weg. Ein Mann stößt Tormann an.

DER MANN Stehen Sie nicht im Weg! Tanzen Sie weiter!

In diesem Moment sieht Mariechen, die immer noch mit dem Blick zur Tür steht, während Tormann derselben den

Rücken kehrt, einen Mann herauskommen, Paul zurückstoßen und durch das Zimmer auf die Ausgangstür zugehen. Mariechen umfasst Tormann.

MARIECHEN Ja, tanzen wir ein wenig. Man kann besser dabei sprechen. Ich tanze so gern. Sie auch? – Sie meinen, neulich abends am Kanal, vor dem Kaffeehaus?

Sie dreht Tormann um, sodass er den Mann nicht sehen kann.

TORMANN Ja, vor dem Kaffeehaus.
DER MANN Nein, hab ich gesagt, und es bleibt bei Nein!

Er schlägt die Tür zum Hinterzimmer zu, läuft ins Schankzimmer und bemüht sich, durch den Trubel hindurch zur Ausgangstür zu laufen. Mariechen umklammert Tormann.

MARIECHEN Wissen Sie, da hab ich ein bisschen getrunken, an diesem Abend.

Immer hängt ihr angstvoller Blick an Karl, der sich an den Tanzenden und zwischen den Tischen vorbei zur Tür durchdrängt.

MARIECHEN Und da hab ich nicht richtig gesehen, und wie Sie da hinter dem Holzstapel hervorgekommen sind ...

In diesem Moment ist Karl bei der Ausgangstür. Erich, mit dem Rücken zu ihm, den Blick auf Ursel gewandt, hat ihn nicht gesehen, keiner beachtet ihn. Er öffnet die Tür, läuft hinaus. Mariechen holt tief Atem.

MARIECHEN Da hab ich Sie eben geküsst, weiter gar nichts. – Ich möchte nicht mehr tanzen, ich bin sehr müde.

Paul geht an die Theke, trinkt und tritt dann auf Tormann zu.

PAUL So, Herr Tormann, jetzt hab ich Zeit für Sie.

Mariechen will zur Tür. Paul hält sie am Arm fest.

PAUL Du bleibst hier, Mariechen, es ist neblig draußen. Du erkältest dich leicht, kannst weitertanzen, Mariechen.

Paul schiebt Mariechen unter die anderen Paare, Ursel hat einen Augenblick aufgehört zu spielen, trinkt ein Glas Wasser.

URSEL Man wird so furchtbar durstig von dem Qualm.

ERICH Ich lass dich nicht mehr hier spielen, nur noch heute, Ursel. Was ich auch tun muss, – alles ist besser als das. Gib mir die Hand!

URSEL Ich muss doch den Bogen halten. *Sie beginnt wieder zu spielen.*

TORMANN Immergrün, Sie werden mir jetzt sagen, was ich wissen will. Denn ich geh nicht eher von hier fort, als bis ich es weiß. Ich bleibe die ganze Nacht hier, wenn es sein muss.

PAUL Das freut mich, Tormann, ich wünsche mir, seit ich Sie kenne, dass wir einmal in Ruhe miteinander sprechen können. Trinken Sie ein Glas! *Sie gehen zur Theke.* Einen Whiskey, Frau Therese!

Therese schenkt Tormann voll, will Immergrüns Glas mit Wasser füllen. Er fasst heftig an ihr Handgelenk.

PAUL Kein Wasser, Frau Therese! Man soll nie nüchtern sein, wenn man wichtige Sachen bespricht.

TORMANN Immergrün, wo kann ich mit Ihnen sprechen?

PAUL Hier. Ich hab am liebsten volle Zimmer, Rauch, Menschen, dann fühl ich mich zu Haus. Sie nicht? Wir sind doch keine Spießer, wir brauchen doch nicht mit dem Zylinder auf dem Kopf dazusitzen und Gesichter zu schneiden wie bei einem Leichenschmaus. *Er schreit durchs Zimmer.* Spielen Sie was Schönes, Fräulein Ursel, etwas, dass einem die Liebe auf der Haut kribbelt wie ein Dutzend Ameisen! So ist's richtig!

Mariechen will wieder zur Tür. Paul fasst mit der einen Hand sie, mit der anderen Hand Erich am Arm.

PAUL Tanz ein bisschen mit ihm, Mariechen, es wird ihm guttun, wenn er einmal auf andere Gedanken kommt!

ERICH Herr Immergrün, ich mach, was Sie wollen, ich hab keine Wahl.

PAUL Gut, mein Junge, freut mich, jetzt zum Beispiel sollst du tanzen. Halt das Mädchen fest, die läuft so gern bei der Tür hinaus! Und ich möchte, dass sie einen richtigen Rumba lernt, das ist mir wichtig, verstehst du?

ERICH Ich kann aber keinen Rumba, Herr Immergrün.

PAUL Dann lernt sie eben was anderes.

Paul Immergrün geht an die Theke. Tormann folgt ihm. Paul trinkt und füllt Tormanns Glas.

PAUL Paul Immergrün kann seine Freunde groß machen und seine Feinde zerschmettern. Er kann Arbeit beschaffen und Leute ins Zuchthaus bringen, ganz nach Belieben!

TORMANN Er kann auch selber ins Zuchthaus kommen.

PAUL Nicht so leicht, da müsste man ihm erst etwas nachweisen können. Da müsste sich erst einmal einer trauen, Paul Immergrün anzuzeigen.

Er geht wieder von Tormann fort zu der Gruppe im Hintergrund.

PAUL Ich würde auf Henry setzen, wenn ich Sie wäre. Ich hab mir vor ein paar Tagen die Rennpferde in den Ställen angesehen. Die hält zurück bis zum letzten Moment, dann gibt sie alles. Sie werden sehen.

EIN MANN Meinen Sie, Herr Immergrün?

PAUL Bestimmt.

TORMANN *furchtbar gereizt durch die sinnlose Jagd nach Immergrün, packt ihn am Arm* Immergrün!

PAUL Ja, Tormann, ich vergess' Sie nicht! Ich bin doch hier, ich habe nur auch gewisse Verpflichtungen gegen meine Gäste.

TORMANN Wenn Sie mir geantwortet haben, geh ich sofort.

PAUL Für Sie hab ich immer Zeit, Tormann. Ich war auch einmal so wie Sie, genau so. Hab geglaubt, man muss ein anständiger Mensch sein, alles andere kommt von allein. Sie sehen ja, was kommt!

Das Folgende geht ganz schnell, zugleich um Tormann abzulenken, aber mit starker innerer Beteiligung.

PAUL Alles ist Zufall, Tormann, das ganze Leben. Wenn Sie einmal im Kaffeehaus einen Mann getroffen hätten und es wär ihm schlecht geworden und Sie hätten ihn zu seinem Wagen begleitet, wären Sie jetzt vielleicht Generaldirektor der Ford Werke. Oder wenn Sie irgendwann nicht über die Straße links, sondern über den Platz rechts gegangen wären, hätten Sie vielleicht eine Frau getroffen und Sie wären heute glücklich. Für mich gibt's nichts Aufregenderes als das Adressbuch; ich lese stundenlang darin. Ich denke mir aus, was gewesen wäre, wenn ich den Herrn A. aus der B-Straße kennengelernt hätte, anstatt die anderen Leute. Die Wenns und die Vielleichts, das ist wie ein Irrgarten auf dem Jahrmarkt …

TORMANN Sie reden sehr viel, Immergrün! Wahrscheinlich soll wieder irgendwer verschwinden, damit ich ihn nicht fassen kann!

PAUL Sie irren sich, Tormann, auch in mir. Für was halten Sie mich denn? Komm ich zu den Leuten, oder sie zu mir? Kommen sie und betteln: Helfen Sie mir, Herr Immergrün? Verschaffen Sie mir dies, oder geben Sie mir das? Oder ist es umgekehrt? Komm ich vielleicht zu ihnen? Nur wenn es schiefgeht, bin ich schuld. *Er drängt sich wieder mitten unter die Tanzenden, sagt zu einem Mann:* So fasst man doch keine Dame an! Auf die Taille die Hand, ganz zart und zugleich fest!

Er lässt los, geht zur Theke, Tormann immer hinter ihm her.

THERESE Ich geb Ihnen keinen Whiskey mehr.

PAUL Wer gibt Paul Immergrün keinen Whiskey mehr, wenn er ihn verlangt?

Er fasst nach der Flasche. Tormann schlägt ihm die Flasche aus der Hand, sie fällt auf den Boden, zerbricht.

TORMANN Sie werden nicht mehr trinken, Immergrün. Sie werden aufhören, Unsinn zu reden. Ich will wissen, wo der Mann ist, und wenn ich die Wahrheit aus Ihnen heraus würgen soll!

Er drückt Immergrün an die Wand, die Musik reißt ab. Die Leute drängen an die Theke.

THERESE Lassen Sie los!

Paul befreit sich durch einen Jiu-Jitsu-Griff, spricht ganz ruhig.

PAUL Wie kommen Sie denn darauf, dass der Mann hier ist, gerade hier? Was wissen Sie denn von ihm? Sie haben ihm einen blauen Schlips abgerissen, das ist alles. Suchen Sie ihn, vielleicht ist es der hier? *Er reißt seinen Schlips heraus. Er springt auf einen Mann los, reißt ihm den Schlips ab.* Oder der! Oder der Blonde, oder der kleine Braune mit dem dicken Bauch! Jeder kann's sein, jeder auf der Straße und in jedem Café, und in jedem Autobus! Warum suchen Sie ihn denn bei mir?

Er wechselt von fieberhafter Erregung in völlige Ruhe, bindet sich den Schlips.

PAUL Sie haben eine Vorliebe für Schlips-Abreißen, das ist krankhaft bei Ihnen. *Wendet sich zu den Leuten.* Warum tanzen Sie denn nicht? Hat Sie vielleicht dieser kleine Spaß erschreckt?

TORMANN Ich hab den Dieb von der U-Bahn bis in Ihre Nähe verfolgt. Hier war er verschwunden.

THERESE Es gehen viele Leute hier aus und ein. Er hat wahrscheinlich vergessen zu sagen, dass er ein Dieb ist!

TORMANN Ich hab ihn beinah gehabt. Immergrün, Sie verstecken diesen Karl! Wo ist er? Sie wissen es, Immergrün!

PAUL *obenhin* Wir sprechen noch darüber. Kennen Sie den Frühlingsstimmen-Walzer, Fräulein Ursel? Können Sie ihn spielen?

URSEL Ja.

PAUL Das müssen die Herrschaften kennenlernen, das ist zauberhafte Musik.

ERICH Herr Immergrün ...

PAUL Nachher, mein Junge, gleich hab ich Zeit für dich.

Ursel spielt, die Erregung legt sich.

PAUL Tormann, warum wollen Sie fünfhundert Mark, wo Sie ein Vermögen mit mir verdienen können? Wir beide, Tormann, wir könnten uns die Welt teilen, wenn Sie Mut hätten. Glauben Sie, ich bleib noch lang in der Spelunke hier? Das ist doch nur eine Anfangsstufe. Fahren Sie nicht lieber mit dem Auto als mit der Straßenbahn? Essen Sie nicht lieber Fasan als Bockwurst? Ich ja. *Sie stehen wieder an der Theke. Immergrün trinkt.* Ich will Macht über die anderen, Tormann. Paul Immergrün hat nie Vorgesetzte vertragen.

Von hinten kommt durch die Tanzenden Walter. Gustav folgt ihm, versucht vergeblich ihn zurückzuhalten. Er schiebt die Leute beiseite, kommt an die Theke, auf Tormann und Immergrün zu.

PAUL Paul Immergrün muss sein eigener Herr sein. Vor keinem strammstehen! Fünfhundert Mark, Tormann, das werden Sie an einem Tag verschenken, wenn Sie wollen! Oder für Ihre Zigaretten verbrauchen.

WALTER *steht dicht neben Paul, sagt höhnisch* Mindestens!

Paul sieht Walter ins Gesicht.

TORMANN Ich brauch keine Millionen für morgen, ich brauch heute fünfhundert Mark. Sonst wirft mich mein Hauswirt hinaus und ich kann nicht zu meiner Frau. Ich frag Sie zum letzten Mal, wer ist dieser Karl?

WALTER Warum fragen Sie Immergrün? Hat Paul Immergrün einem Menschen schon einmal eine gerade Antwort gegeben? Prosit, Paul!

PAUL Geschmeiß hab ich um mich, hat sich an mir fett gefressen, dann muckt es auf. Den hier hab ich aus der Gosse aufgelesen.

TORMANN *zu Walter* Sagen Sie mir, wie der Mann heißt.

WALTER Das möcht ich auch gern wissen. Aber ich kann Ihnen andere Sachen erzählen.

Therese schiebt ihm ein Glas hin. Walter sagt ironisch:

WALTER Danke, ich trinke jetzt nicht, Frau Therese.

PAUL Es gibt Leute, die nicht wissen, dass sie zuerst selber hängen, bevor sie andere an den Galgen bringen. Dabei kann man nie sicher wissen, ob der andere nachkommt. Ich wollte Ihnen eine Chance geben, Tormann, eine Chance, wie sie Ihnen heute keiner gibt. Ich wollte Sie aus Ihrem Dreck herausreißen. Bleiben Sie drin, wenn Sie wollen! Ich hab gedacht, Sie sind so einer wie Paul Immergrün, der eine große Kulisse für sein Leben braucht. Irrtum! *Ganz leise und deutlich.* In der Mariengasse am Kanal, Nummer 9, zwei Treppen hoch wohnt er. Gehen Sie hin, holen Sie sich den Mann, schleppen Sie ihn zur Polizei. Nehmen Sie sich Ihre fünfhundert Mark und laden Sie mich zu einer Flasche Champagner ein. – Hinaus!

TORMANN Wenn Sie gelogen haben, Immergrün, so ist das Ihre letzte Lüge.

PAUL Vielleicht kommen Sie zu spät, Tormann, er wollte nämlich selber zur Polizei gehen. Laufen Sie den lumpigen fünfhundert Mark nach! Rennen Sie! Rennen Sie.

Tormann geht hinaus.

WALTER *fassungslos erstaunt* Warum hast du ihm das gesagt?

PAUL So was geht über deinen Horizont, was? Verstehst nicht, wie man einem Hund einen Knochen hinwerfen kann! – So! – *Er macht eine Geste.*

WALTER Und einem anderen aus der Hand!

PAUL Das begreift so einer wie du nicht, dass es einem nicht ums Geld gehen kann und um Weiber und das bisschen Fressen.

WALTER *eiskalt gegen Pauls großsprecherische Erregung* Internationale Verbrecherpersönlichkeit, was? Nero in der Westentasche. So kommst du dir vor, Paul Immergrün! Aber ich weiß, was du bist! Wenn man dir einen Platz als Hilfsbriefträger im winzigsten Postamt anbietet, oder als Ersatz-Müllkutscher, oder eine Vertretung für Hosenträger – mit Handkuss würdest du's annehmen. Ein wild gewordener Händler ist noch kein Al Capone. Ein übergeschnappter Zuhälter ist noch kein Nero!

Er bückt sich, schreit. Paul hat sich mit unerwarteter Wucht auf ihn geworfen und schlägt mit einem Stuhl auf ihn los, schlägt, bis Walter regungslos liegenbleibt.

THERESE Erschlagen Sie ihn nicht, Immergrün, Sie ziehen die Polizei ins Haus!

Erregung im Saal.

URSEL Herr Immergrün, lassen Sie ihn los, Sie bringen ihn um!
ERICH Was hat er ihm denn getan?
GUSTAV Was hat er denn gesagt?
THERESE Nichts Besonderes. Die Wahrheit.

Erich zieht Ursel mit sich fort, öffnet die Tür weit, durch die plötzlich und unerwartet Tageslicht fällt.

ERICH Die ganze Zeit, während wir hier unten waren, hat auf der Straße die Sonne geschienen.

Die beiden gehen auf die Straße hinaus.

Dunkel.

FÜNFTE SZENE

Eine Straße am Spätnachmittag, unweit einer U-Bahn-Station. Im Hintergrund ein Haus mit der Nummer 9. Vorn eine Litfaßsäule, an der ein großes Plakat klebt: »500 Mark Belohnung demjenigen, der Angaben machen kann, die zur Ergreifung des frechen Diebes führen, der am 13. Juli einen Raubüberfall in der Station Nordbrunnen verübt hat. Angaben sind zu machen etc. etc.« – Neben der Säule ist ein Gitter im Boden über dem Schacht der U-Bahn. Ein Mann steht an die Säule gelehnt und raucht. Kinder machen um die Säule und über dem Gitter einen Reigentanz.

DIE KINDER *singen nach der alten Melodie des Reimes*
Machet auf das Tor, machet auf das Tor,
Es kommt ein grüner Wagen.
Ja, was will er, will er denn?
Ja, was will er, will er denn?
Er will die Liese haben.

Während des Spiels kommt Tormann die Straße entlang und tritt in das Haus Nummer 9. In diesem Moment fährt unten ein Zug vorüber, die Röckchen der kleinen Mädchen fliegen in die Höhe, die Kinder lachen.

ERSTER JUNGE Die U-Bahn! Deine Beine sind wie Streichhölzer bis oben!

MÄDCHEN Wenn ich groß bin, zieh ich mir lange Röcke an aus grüner Seide.

ERSTER JUNGE Wenn ich groß bin, werd ich U-Bahn-Schaffner.

ZWEITER JUNGE Ich Eismann.

DRITTER JUNGE Ich Baumeister. Ich bau den höchsten Turm der Welt bis zu den Sternen hinauf.

DER MANN Was wisst ihr, was ihr sein werdet, wenn ihr groß seid. Spielt Ball! Oder Schwarzer Mann!

Die Kinder, erschrocken über die unerwartete Einmischung des bisher stummen Erwachsenen, laufen ein Stück weiter fort. Man hört sie singen. Tormann kommt aus dem Haus, steckt sich eine Zigarette an. Der Mann tritt auf ihn zu.

DER MANN Können Sie mir Feuer geben?

Tormann hält ihm die brennende Zigarette hin. Einen Augenblick lang sind die Köpfe der beiden Männer einander ganz nahe.

DER MANN Danke. Sie warten hier auf jemanden?
TORMANN Ja, ich habe Zeit.
DER MANN Ich auch. – Wieder ein Zug. Ich steh oft hier oben. Ich höre das Sausen gern, wenn unten die Züge fahren, alle drei Minuten bei Tag. Ich hab nicht mehr viel vor heute. Irgendwann muss ich noch einen Weg machen. Vielleicht in einer Stunde, vielleicht in zweien. Irgendwann.

Beide rauchen.

TORMANN Kennen Sie die Leute hier in den Häusern?
DER MANN Sehr wenig. Ich kümmre mich nicht um sie.

Eine Frau nähert sich dem Haus. Tormann geht nach hinten.

TORMANN Einen Augenblick!

Er spricht mit der Frau ein paar unhörbare Worte. Man hört die Kinder singen:

DIE KINDER

Und als sie dann,
Und als sie dann,
Da sahen sie sich beide an
Und schieden voneinander.
Ade, ade, ade, ade,
Scheiden tut weh.

Tormann kommt zurück.

DER MANN Haben Sie ihn gefunden?

TORMANN Die Frau ist nicht aus dem Haus.

DER MANN Ich wohne schon sehr lang in dieser Straße. Ich hab sie nie angesehen. Heute merke ich mir jeden Stein, jedes Gitter. Ich werde zum Beispiel sehr oft in den nächsten Monaten an den Stern dort über der Feuermauer denken.

TORMANN Wollen Sie verreisen?

Der Mann antwortet nicht.

TORMANN Wenn Sie hier stehen bleiben und auf die U-Bahn und auf den Himmel schauen, werden Sie Ihren Zug versäumen.

DER MANN Ich brauche keinen bestimmten Zug zu nehmen. Ich muss keinem Adieu sagen. Ich kann warten.

TORMANN Ich auch. Bis er nach Hause kommt. Haben Sie noch eine Zigarette?

DER MANN Leider nicht. *Wieder fährt ein Zug vorbei.* Nachts gehen sie nur alle zehn Minuten.

TORMANN Ich weiß. Ich bin oft hier vorbeigegangen, wie ich auf dem Bau am Kanal gearbeitet habe.

DER MANN In der Gartenstraße. Ich hab oft davorgestanden und zugeschaut.

TORMANN Wahrscheinlich hab ich Sie da stehen gesehen. Ich erinnere mich an Ihr Gesicht von irgendwoher.

DER MANN Ordentliche Arbeit war das. Ein interessanter Grundriss. Ein Jammer, dass man nicht weitergemacht hat. In paar Wochen wärt ihr fertig gewesen.

TORMANN In acht Wochen ... Was sind Sie denn, dass Sie sich so für die Arbeit interessieren?

DER MANN Baumeister.

TORMANN Wirklich? Wenn Sie wieder einmal was machen, dann denken Sie an mich, ja? Ich kann Ihnen Zeugnisse zeigen.

DER MANN Ich hab noch nie gebaut. Überhaupt nicht. Einmal als Werkstudent hab ich mitgearbeitet an einem U-Bahn-Stollen. Dann nie wieder, nie allein. Nie richtig gebaut ... Als kleiner Junge hab ich alles vollgezeichnet mit Brücken, Hochhäusern, Tunnels. Die Kochtöpfe hab ich übereinandergestülpt zu Türmen.

TORMANN Ich hab ein paarmal furchtbare Prügel gekriegt, weil ich die Kisten in meines Vaters Werkstatt zersägt hab und die Bretter neu zusammengenagelt. Das waren dann Wolkenkratzer.

DER MANN Hat man Sie auch stundenlang in den Karzer gesperrt, weil alle Schulhefte voll mit Zeichnungen waren? Dort hab ich noch die Wände verschmiert.

TORMANN *lacht* Natürlich! In unserer Wohnung war eine geweißte Wand, da hab ich mit meinen Buntstiften herumgemalt. Mein Vater hat mich immer wieder durchgehaut und die Wand immer wieder gestrichen. Da hat man geglaubt, Wunder was aus einem wird.

DER MANN Weiß Gott! Und darum hat man durchgehalten. Einmal am Tag Käsebrot und Kaffee. Vor jedem Haus gestanden, gelernt, wie man's hätte machen müssen. Pläne entworfen, Stöße von Papier beschmiert und dann herumgelaufen, über endlose Treppen, an tausend Türen geklopft.

TORMANN Die Türen bleiben zu, wenn man was braucht.

DER MANN Vor Gittern und Schaltern tagelang herumgestanden.

TORMANN Ich kenn das.

DER MANN Vor einem Jahr hab ich aufgehört. Ganz plötzlich. Von einem Tag zum andern. Da hab ich nichts mehr getan, einfach gar nichts.

TORMANN Ich weiß. Ich hab mir oft gewünscht, ich möchte Zeit haben, Bücher zu lesen, auszuschlafen, einmal mittags in der Sonne zu sitzen, auf einer Bank, an einem ganz gewöhnlichen Wochentag.

DER MANN Aber man tut das alles nicht.

TORMANN Nein, man tut nichts, und wartet.

DER MANN Der Tag zerbröckelt einem zwischen den Fingern wie Mörtel. Ein Knopf springt einem vom Rock ab, man näht ihn nicht an.

TORMANN In meinem Zimmer schließt der Schrank nicht. Seit vierzehn Tagen. Früher hätt ich ihn gerichtet, vor der Arbeit oder nachher. Jetzt tu ich's gar nicht.

DER MANN Sie werden wieder Arbeit finden. Für Sie ist es leichter.

TORMANN Und Sie?

DER MANN Ich nicht. Nie mehr ... Da kommt man einmal abends in eine Spelunke, hat die letzten Monate einmal in der Früh, einmal am Abend gegessen. Kriegt Whiskey vorgesetzt. Die Gesichter schwimmen auseinander. Und einer ist da, der sagt, ich geb dir was zu tun, eine Arbeit und viel Geld. Ein eingesperrtes, verhungertes Tier, dem man was zu fressen hinwirft, das schaut sich nicht an, was es ist, das schlingt's hinein, das schaut sich nicht an, wohin man's auslässt, das läuft. Man hat alle Energie verloren, auch die zum Neinsagen. Man klammert sich an irgendetwas.

TORMANN Ich weiß. Weil man sonst gar nichts hat. So lauf ich hinter einem Mann her. Im Anfang war's Sport, jetzt hab ich mich hinein verbissen. Wie verhext bin ich ihm nachgelaufen. Aber es ist nicht nur das. Es sind auch die fünfhundert Mark, die man bekommt. *Er zeigt auf den Steckbrief.* Wenn ich das Geld jetzt habe, kann ich meinem Wirt die Miete auf den Tisch hauen. Dann kann ich zurück zu meiner Frau. Und vielleicht irgendwo neu anfangen. Vielleicht kann ich Ihnen dann helfen.

DER MANN Sicher können Sie mir helfen. Ich kann Ihnen auch helfen.

Er beugt sich nieder, hebt mit den Händen das Gitter in die Höhe. Tormann beugt sich zu ihm.

DER MANN In zwei Abenden kann man so ein Gitter durchfeilen, wenn einer Schmiere steht, am dritten innen einen Tritt in die Mauer hauen. An dieser Stelle geht die Bahn nur zwei Meter unter dem Straßenniveau. Von da kann man auf die Schienen hinunterspringen, wenn man weiß, wie die Züge gehen, und wo die Stromschiene liegt und das Lichtkabel. Da kann man nachts die Bahn anhalten, wo man will, wenn man den Schacht kennt. Den kenn ich wie meine Tasche, daran hab ich ja mitgebaut als Student. Da kenn ich jeden Winkel und jeden Hebel; drum hat man mich ja ausgesucht. Einer hat mich am Kragen gehabt. Der wollte mich aufhalten. Ich hab mich losgerissen, bin durch den Schacht wieder heraus. Auf die Straße. Es war kein Mensch da, ganz ruhig nach der Jagd.

Eine Minute lang war ich sehr stolz, dann hab ich geheult. Nicht Reue oder so was, bloß Ekel, weil man so was Dummes gemacht hat. Genauso sinnlos wie ein junger Freund, der eine Badehütte anzünden wollte, um mir Arbeit zu verschaffen.

Er legt das Gitter zurück, steht auf, spricht ganz ruhig.

DER MANN Ich will nicht mehr. Mein Geld hab ich nicht bekommen, unter dem Gesindel mag ich mich nicht mehr herumstreiten, und nachts mich unter Brücken verstecken, hinter Holzstapeln verkriechen will ich auch nicht mehr. Ich lass mich nicht mehr jagen. Gut, dass Sie da sind. Da muss ich nicht allein zur Polizei. Packen Sie mich am Kragen, wie damals. Heut lauf ich nicht fort!

TORMANN *fasst in seine Tasche; spricht ruhig* Da haben Sie Ihren Schlips wieder. Unsereiner schafft sich nicht leicht was nach.

KARL Kommen Sie! Überlegen Sie sich's nicht lange. Wenn Sie mich nicht anzeigen, tut's ein anderer. Da sehen Sie doch her! Nehmen Sie sich die fünfhundert Mark! Sie brauchen nur danach zu greifen!

Tormann streckt die Hand aus, reißt langsam das Plakat von der Säule. – Paul kommt, eine Hand in der Tasche, ruhig auf die beiden zu.

PAUL Haben Sie plötzlich Ihre Absicht geändert, Tormann? Man kennt sich nicht aus bei Ihnen!

TORMANN Was kümmert das Sie?

PAUL Ich hab eure Bekanntschaft vermittelt, und da hab ich doch auch ein Recht darauf zu wissen, wie ihr miteinander auskommt.

KARL *tritt ganz dicht an Immergrün heran* Was willst du hier? Wozu bist du hergekommen? Willst mich niederschießen, damit ich dich nicht verraten kann? Mach's doch! Trau dich! Du bist hier nicht nur zuschauen gekommen. Ich kenne dein Gesicht. Nimm die Hand aus der Tasche! Selten wirst du einen niederknallen, dem so wenig dran liegt. Geht's nicht? Jetzt kannst du dir keinen Handlanger holen, der's für dich macht. Musst's selber tun!

TORMANN Sie rühren ihn nicht an, Immergrün! Ich sage Ihnen, Sie kommen nicht bis zur nächsten Ecke!

PAUL Sie werden mich mit dem Zeigefinger niederschießen! Haben Sie denn eine Pistole bei sich?

In diesem Moment kommt Mariechen hergelaufen, zerrt Dr. Bach am Arm hinter sich her.

MARIECHEN Nicht schießen, nicht schießen! Er hat die Pistole, ich hab gesehen, wie er sie eingesteckt hat!

PAUL *zieht ruhig die Hand aus der Tasche, nimmt ein paar Geldscheine heraus* Was habt ihr denn eigentlich? Du hast doch das Geld von mir verlangt, Karl, das du zu bekommen hast. Ich hab es dir hergebracht. Warum schreit ihr denn?

Jemand geht vorbei.

TORMANN *hastig* Karl, Sie können nicht hierbleiben. Sie dürfen auch nicht zurück in das Zimmer. Sie können meines haben, dort wird Sie keiner suchen. *Er sieht Paul an.*

PAUL Ich zeige ihn nicht an. Da brauchen Sie keine Angst zu haben.

TORMANN Ich gehe zu meiner Braut. Oder ich fahre mit ihr hinaus an den Möritzsee. Wollen Sie mitkommen? Ich hab ein Boot angefangen. Allein hätt ich's nicht fertig gemacht. Ich bin nie dazu gekommen, wir könnten's zusammen fertig machen.

KARL *hat stumm die Geldscheine in der Hand gehalten, zu Paul* Du hast mir mehr gegeben, als mein Anteil ist.

PAUL Richtig. Das sind noch fünfhundert Mark für Tormann. Ich wollte dich ihm abkaufen, verstehst du. Das bist du mir wert. Und was die Polizei zahlen kann, kann Paul Immergrün noch immer zahlen.

TORMANN Von Ihnen kann ich das nicht annehmen.

PAUL Warum? Plötzlich sind Sie so sauber, Tormann? Sagen Sie mir, warum zum Teufel rennen Sie vier Wochen hinter einem Mann her und jetzt, wo Sie ihn haben, kriegen Sie Angst? Warum? Warum haben Sie ihn nicht angezeigt? Ich versteh das nicht! *Zu Karl.* Das Geld kannst du ihm bei Gelegenheit übergeben, damit er sich's nicht eines Tags überlegt. *Tormann fährt auf.* Was denn? Worüber sind Sie denn da empört? Am besten stecken Sie's gleich ein, denn sonst, verstehen Sie, können Sie Karl gar nicht mitnehmen, weil man Sie aus dem Zimmer hinauswirft. Wenn Ihnen das Geld schmutzig vorkommt, dann geben Sie es aus. Meinetwegen brauchen Sie sich keine Sorgen zu machen. Ich habe auf meinem Bankkonto mehr, als ich brauche. Komm, Mariechen, wir sind hier nicht nötig. Man braucht uns hier nicht. Wir wollen uns nicht aufdrängen.

MARIECHEN Karl, wenn du nicht mehr unter der Brücke schläfst und wenn du mit dem da mitgehst, da kann ich dir ja nicht mehr das Essen zum Holzplatz bringen! Da wirst du ja nicht mehr nachts bei mir sein!

KARL Ich komm schon wieder einmal vorbei, Mariechen!

MARIECHEN Wann, Karl?

KARL Ich weiß noch nicht.

MARIECHEN Ja, natürlich.

TORMANN Ich weiß nicht, warum Sie mir das geben, Immergrün. Ich kann mich nicht bei Ihnen bedanken.

PAUL Ich hab Sie auch nicht darum gebeten.

Paul geht mit Mariechen fort.

DR. BACH Schade! Was für ein Kerl wäre der geworden in einer vernünftigen Welt! Der hat heute bestimmt nicht mehr fünf Pfennig in der Tasche.

TORMANN Aber wozu hat er dann das Geld hierhergebracht? Und was ist mit dem Bankkonto?

DR. BACH *lacht* Bankkonto! Ich glaube, er wollte weg. Er hat sich all sein erspartes Geld genommen, um zu verschwinden. Vorher, aus Neugier, kommt er hierher. Und ist überflüssig. Versteht ihr, wird nicht gebraucht. Da wirf er euch das Geld hin, damit ihr noch einmal das Gefühl habt, dass er der Herr ist, auch wenn er sich heut Abend nicht mehr ein Käsebrot kaufen kann.

KARL Doktor Bach, es ist nichts anders geworden, ich stehe genauso vor dem Nichts wie gestern. Trotzdem hab ich das Gefühl, als ob ich neu anfangen könnte!

TORMANN Kommen Sie, Karl! Sie sind hier nicht sicher. Zu viele Leute kennen Ihre Adresse. Wir können hier nicht stehen bleiben.

DR. BACH Richtig, Herr Jäger! Nehmen Sie den Hasen mit, den Sie erlegt haben! Und passen Sie auf, dass ihn keiner erwischt. Macht's gut!

Karl und Tormann gehen miteinander weg. Man hört die Kinder wie zu Anfang der Szene singen.

KINDER
Machet auf das Tor, machet auf das Tor,
Es kommt ein grüner Wagen.
Was will er, was will er denn?
Was will er, was will er denn?
Er will den Jakob haben!

Die Szene, die schon während des vorherigen Spielablaufes sich stärker und stärker verdunkelt hatte, wird jetzt ganz finster. Nur der Vordergrund ist beleuchtet, sodass das Folgende sich wie auf einer Bühne ohne Kulissen abspielt. Der Junge, der schon zu Anfang der Szene gesprochen hatte, kommt auf die Bühne und stellt sich neugierig neben Dr. Bach, der weiterspricht, als hätte sein Auditorium gar nicht gewechselt.

DR. BACH Ich lass bekanntlich nichts auf die Welt kommen. Man wird nur etwas müde in meiner Lage. Man muss Pflaster verschreiben, Krücken, Flickwerk, verstehst du, mein Kleiner?

JUNGE Kein Wort.

DR. BACH Macht nichts. Liebe ist auch so ein Pflaster, weißt du? Es gibt viele solche Krücken. Begreifst du, was ich sage?

JUNGE Nein.

DR. BACH Macht nichts. Es liegt nicht an der Welt. Die ist recht, die ist gut. Die gibt dir, was du brauchst, Kleiner. Aber sie ist in schlechten Händen, verstehst du?

JUNGE Ich verstehe gar nichts.

DR. BACH Mach dir nichts draus! Weißt du, das kommt schon in Ordnung! *Pause.* Ich möchte den Tag erleben, wo man vor einem Baum in Blüte steht und sich nicht schämen muss, dass man ein Mensch ist. Wo man nachts auf den Himmel blicken kann und nichts spürt als Freude. Wo man sagen könnte, wenn man noch etwas sagt: Du bist ein Stern. Wunderbar! Aber ich bin auch nichts Schlechtes. Ich bin ein Mann! Verstehst du, Kleiner?

JUNGE Kein Wort!

DR. BACH Diesen Tag werde ich bestimmt nicht erleben. Vielleicht du, wenn du groß bist ...

JUNGE Wenn ich groß bin, bau ich den höchsten Turm der Welt!

DR. BACH Ich hab ja gewusst, dass du verstehst, was ich meine, Lausejunge!

Dunkel.

Quellennachweise:
Automatenbüfett, Text nach der Ausgabe im Arcadia-Verlag, Berlin 1932.
Welt überfüllt, Text nach dem Bühnenmanuskript aus dem Nachlass der Autorin im Archiv der Deutschen Kinemathek, Berlin.

Aufführungsgeschichte:
Automatenbüfett, Uraufführung: Kammerspiele des Thalia-Theater, Hamburg, 25.10.1932, Regie: Hans Stiebner. Zweitinszenierung: ›Theater der Schauspieler‹ im Theater am Schiffbauerdamm, Berlin, 25.12.1932, Regie: Moritz Seeler. Schweizer Erstaufführung (unter dem Titel *Im Trüben fischen*): Schauspielhaus Zürich, 12.9.1933, Regie: Leopold Lindtberg. Österreichische Erstaufführung: Theater in der Josefstadt, Wien, 20.5.2004, Regie: Hans-Ulrich Becker.
Welt überfüllt, Uraufführung (geplant): Theater Oberhausen, 30.9.2022, Regie: Thomas Ladwig.

Editorische Notiz:
Die Texte wurden behutsam der neuen Rechtschreibung angepasst. In den Manuskripten fehlende Wörter wurden in eckigen Klammern ergänzt. Divergierende Schreibweisen wurden vereinheitlicht. Ungebräuchliche präpostionale Ergänzungen (›an etw. vergessen‹, ›sich mit etw. verschlucken‹) wurden an den heutigen Sprachgebrauch angepasst.